JN093843

ゆかりんは四つ葉のクローバー

脳性麻痺の我が子が教えてくれる、
幸せの意味

原 孝雄 著

東洋出版

ゆかりんは四つ葉のクローバー

脳性麻痺の我が子が教えてくれる、
幸せの意味

目次

Part 1

いいところを見よう

世界バレーを観た
すごいなー
がんばれー
1
2
意欲的
明るい
粘り強い
がまん強い
協調性あり！
積極的
3
そして……
腕力がある！
4
障がいがなかったらもしかして……
親バカなとうちゃんかあちゃんだ

次女（ゆかりん）は、脳性麻痺の障がいを持って生まれました。現在は、三十六歳ですが、歩行はできず、言語もなく、排泄も食事も着替えもすべてにおいて介助が必要です。

ゆかりんが生まれた時から私たち夫婦の生活は一変しました。当初は、彼女の障がいをなかなか受け入れられず悶々としていましたが、共に生活し、成長の節目節目で出会う大きな壁を乗り越えて来るたびに、彼女の障がいだけを見るのではなく、ゆかりんという一人の個性を持った人間と、一緒に力まず、自然体で生活できるようになりました。

人のできないところやダメなところを掘り起こしていけば、愚痴や嫌悪感が溜まっていきます。でも、人のできるところやいいところを掘り起こしていけば、明るく楽しく前向きな生き方が見えてきます。

発達って何だろう

1
ゆかりん6歳の誕生日
2
ローソクの火を消してね
あい!
3
しかし、「吹く」ということが難しい。でもがんばるゆかりん
ブー
ブ
ただ　つばが飛ぶだけ……
4
それでもがんばるゆかりん
なんとかなるもんだ
フン
鼻息で見事に消した!

「脳性麻痺による体幹機能障害」がゆかりんの障がい名です。よく体幹を鍛えるとか体幹トレーニングなどの言葉を耳にしますが、要は胴体を鍛えるということのようです。ゆかりんの場合、胴体のすべてに障がいがあるため、歩行や自立排泄ができませんが、その他にも様々な機能障害があります。

「発達する」ということを「できる・できない」という基準で見ていけば、ゆかりんはいつまで経っても発達できません。ゆかりんよりもさらに重い障がいがある寝たきりの人の場合はなおさらです。

何かができるようになることは、とてもうれしいことですし、自信にもつながっていきます。ですから、その視点を否定する訳ではありませんが、子どもを「できる・できない」の基準だけで見ていくと、「できない」ことに目が行きがちになり、「どうしてできないの」「できないと自分が苦しむのよ」「他の人ができるのに、なんでできないの」などなど、否定的な言葉が増えていくのではないでしょうか。

ゆかりんと共に生活していると、「今できること」に目を向けながら生活することの大切さを教えられます。

「今できること」を最大限に生かすことが、ゆかりんの生活の幅を広げ、彼女の自信や意欲にもつながっていくようです。

箸が使えなくてもスプーンを握れるから食事はできます。ストローを使って飲めなくても、コップを持てるので飲むことができます。細かい作業ができなくても材料をつかむことができるので人に手渡しができます。名前のわかる身近な物、たとえば「ティッシュを取って」と言えば、取って手渡しすることができます。

最近、ティッシュが丸まってテーブルの隅にあり、ゆかりんが盛んにそれを指さして「うん、うん」とアピールしていました。何なんだろうと考えてみると、自分で垂らした涎をティッシュで拭いたようなのです。そのことをゆかりんに言葉で話すと彼女は自慢げに「あい！」と大きな返事をしました。さらに「よくできたね。すごいな」

と褒めると、ますます大きな声で「あい！」と返事をしました。

日常の何気ないことの繰り返しの中で、ゆかりんの自信や意欲が膨らんでいくのでしょう。そしてそのことが、困難や生きづらさにぶつかった時でも明るく前向きに乗り越える彼女の力となっているのだと思います。

三十六歳の三歳の発達

姪が遊びに来た
あー
あー
おばさん
1
ゆかりんの大切な積木で
遊び始めた……
あー
2
ところが……
わー
わー
3
じっと、がまんする
ゆかりんだ
まだ
1歳だから……
ヒク
ヒク
ヒク
ヒク
ヒク
わー
4

ゆかりんの姪が遊びに来ました。当時一歳の姪は言葉もなく、いろいろな物に興味を示していました。当然、ゆかりんの大切な訓練用積み木にも興味を示し、いじりまわし、終いにはすべて投げ捨ててしまうのでした。しかし、ゆかりんは、心配そうな笑顔を浮かべてじっと耐えて見守っていました。「さすがゆかりん。おばちゃんだね」とみんなに褒められていましたが、本心は複雑だったのでしょう。

姪も我が家に来るたびごとに成長し、三歳の時はおしゃべりが盛んになっていました。

いつものようにゆかりんの訓練用積み木を触ろうとした途端、ゆかりんは姪の手を払いのけて「私の大事な積み木には触らせないぞ」とばかりに、積み木を抱え込みました。姪も負けてはいません。積み木を何とか取ろうと二人の取り合いが始まりました。私たちも見かねて「ゆかりんはお姉さんだから貸してやってよ」と話すのですが、ゆかりんは決して積み木を離しませんでした。それ以来、姪には自分の物は触らせないようになったゆかりんです。

まだ小さい姪だけれど、その子の成長を感じ取ったゆかりんは、自分より幼い人ではなく同等の人と思ったのでしょうか。ライバル心を抱いたのでしょうか。

そういえば、三女が三歳の頃もゆかりんはよく三女の行動を阻止しようと服を掴んだり、物を取り合ったりしていました。三女が大きくなるにつれて、ライバル心はなくなっていったことを思い出しました。

ゆかりんは、三歳程度の発達段階にあると思われますが、自分より小さい子には優しくしてあげる気持ちがあります。自分の大好きな事業所へ行くために毎日カバンの用意をしています。自分でできることは自分でやろうとする気持ちを強く持っています。いろいろな人と上手にコミュニケーションをとって生活しています。「ちびまる子ちゃん」や「サザエさん」が大好きですが、嵐の松潤やジャニーズにもとても関心があります。若いかっこいい男性を見ると握手したくなります。新しい洋服を買ってもらうとうれしそうにじっと抱きしめています。事業所でもらった給料を誇らしげに見せてくれます。

自力排泄ができない、言葉もない、すべてにおいて介助の必要なゆかりんは、それだけを見れば彼女は三歳の発達段階で止まっているように見えます。

しかし、三歳の発達の中身は豊かに充実した生き方をしており、彼女自身、豊かであたたかな人に育っているなと思うこの頃です。

1
姪が遊びに来た　3歳となり、よくしゃべるようになった
遊びに来たよ
あい！
2
そして、またまたゆかりんの積木で遊ぼうとしたが……
3
遊ばせないように
やだ！
うん
うん
4
自分で抱え込んだ
……
う～。

全力の日常生活

1
あんなこんなで
ボロボロこぼしながらも
スプーンを持って
自分で
食べられるようになった
2
ゆかりんは、「つまむ」ことが
むずかしいので……
ポロリ
3
柿の種を食べる時は
わしづかみだ
ボロ
ボロ
ボロ
ボロ
4
だから「はし」で
ごはんを食べられることは……
まあ、いいい！
?

食事でスプーンを使うこと、コップで飲むこと、物をつかむこと、椅子に座ること、移動することなど日常生活の中で私たちが何気なく普通に行っている動作はゆかりんにとっては全力で臨まなければならないことです。

ちょっとした力の入れ具合の調整ができずにバランスを崩したりして、物を落としたり、散らかしてしまったりですが、たとえうまくいかなくても諦めることなく何度もチャレンジしています。

私たちがすべて介助すれば何でもないことですが、彼女はあくまで自分でやろうとしますし、私たちもできるだけ彼女の力でやり遂げてほしいと願っていますので、お互い我慢と根気と片づけの毎日です。

脳性麻痺のために運動機能面で様々な不便があるゆかりんですが、彼女は自分の障がいを克服しようとか、障がいがあるからできない、と諦めるとか、そんな気持ちはさらさらありません。今やることを全力で行います。悲観せずに前向きに元気に笑う姿に、日々、励まされている私たちです。

細かい力のコントロール

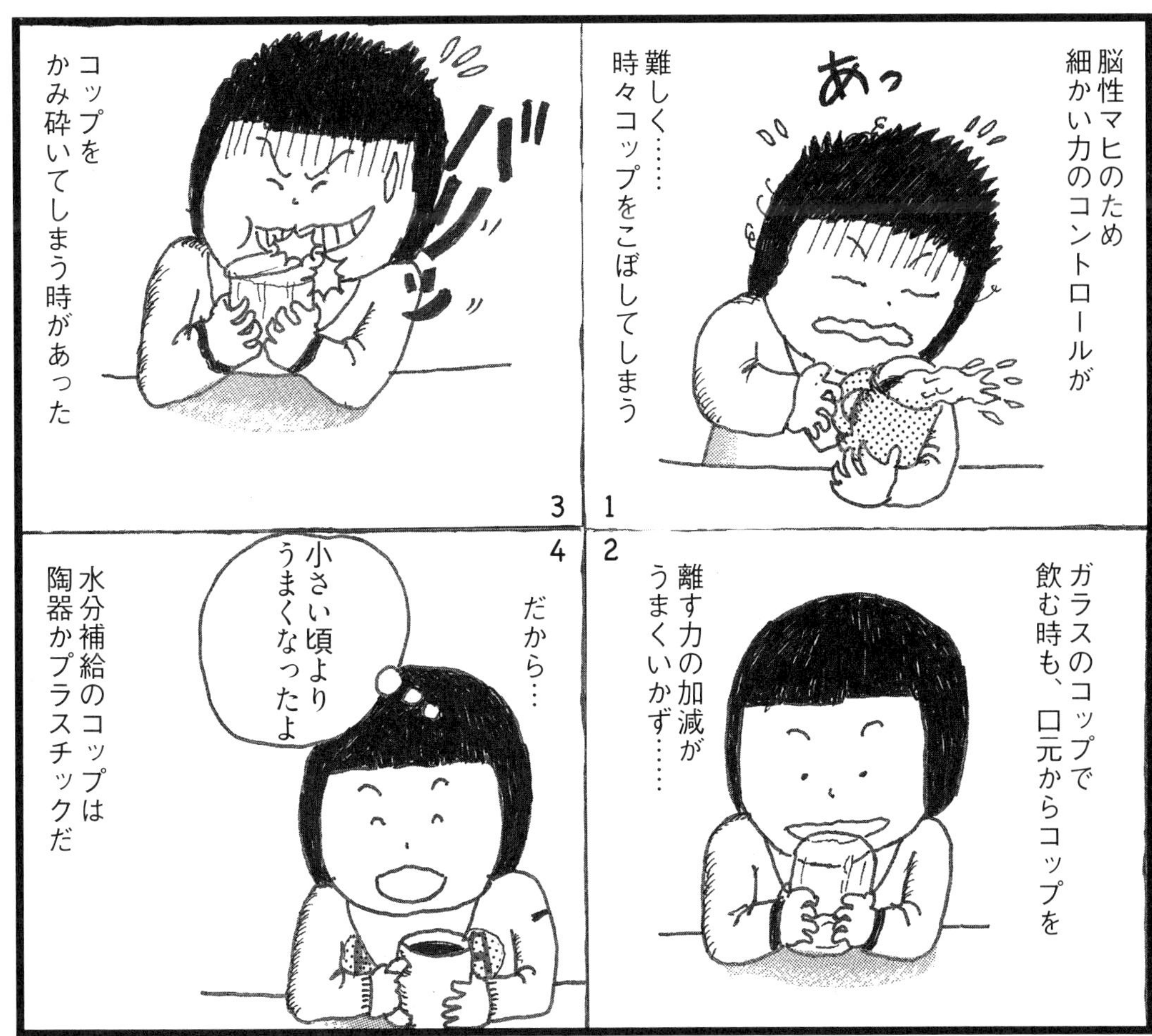

コップで飲むこと。「そんなこと簡単だよ」と思うのですが、そこにはコップを持つ、コップを口元に持っていく、コップを傾ける、コップを口元から離すなどそれぞれに力の配分をしていく機能が働いています。

摘まむ・握る・物を持つ。そのうちに箸やスプーンで食事をする・コップで飲む。さらに鋏で切る・カッターナイフで切る・紙を折る・服をたたむなど、だんだんと高度な手先や指先のコントロールが必要になってきます。私たちは、自然にそれを身に付けていきますが、ゆかりんはその機能に障がいがあります。

日常生活で摘まんだり握ったり物を持って何かをするときに、力のコントロールがままならず、意識するとさらに大きな力が入ってしまうため、こぼしたり落としたりすることが多々あります。

こうした彼女の姿を見ていると、人間の身体機能のすばらしさに改めて感動するのですが、その一部の機能が使えなくて苦労しても、それでもめげずにやり遂げようとするゆかりんにも感動です。

音

1
ゆかりんは、音に敏感だ…といいうよりも
小さな音でも大きな音に聞こえてしまうのだ。だから…
2
自分のおならの音にもびっくり!
あー
ブ
あれ
あれ
3
ある日とうちゃんがおならした……
4
びっくりしてこぼしちゃった
ビク
あれ
あれ
すまん
すまん

普段聞こえる音が大きく聞こえてしまうというのは、毎日騒々しい中で暮らしているような感じなのでしょうか。自閉的な人の中には、大きな音が苦手だったり波長の合わない音や声があるようです。

予期せぬ音には誰でも驚きますが、ゆかりりんの場合はそれほど大きな音でなくても飛び上がるほど驚きます。

どうやら、生活の中で普通に出ている音も、私たちが聞こえている音より大きく聞こえているようです。これはゆかりりんにしかわからないことなので想像するしかありませんが、毎日相当疲れるのではないかと思うのです。

私たちは歳をとるにつれて人の話やテレビの音が聞きづらくなってきています。特に会話をしているときにテレビがついていたりするとますますわかりづらくなります。

補聴器は音を大きく聞くための機器ですが、音を小さくする機器というのはあるのでしょうか。

生活の中の音を私たちはあまり意識しませんが、そこにも生きづらさを感じている人がいるのです。

通じ合う

言葉のないゆかりんのコミュニケーション手段は、
うん！
うん！
一つは、指差しで欲しいものを訴えること
二つは、簡単なマカトン法で行動したことを伝えること
あー
「仕事をやる」サイン
「寝る」サイン
ぐー
そして一番大事なのは、
うん
「食べる」サインだ

ある日、夫婦でテレビを観ていた時、ふと「そういえばあの人どうなった」と妻に聞きました。頭の中では、その人の顔が浮かんでいるのに、名前がなかなかでてきません。

妻が「誰よ」「ほら、あの車のコマーシャルに出てる人だよ。眼鏡かけて、朝ドラにも出ていた人さ」「もしかして、あの人？　髪がこうなってる人？」「そう、その人！」「あーあの人ね。わかった。わかった」お互いに頭の中では姿が浮かんでいるのに名前がでてきません。年を取るにつれて、こんな会話は毎日のようにあります。「あの、その、あれ、それ」でも分かり合えるのです

ゆかりんが手を握って口元に持っていくサインは、「食べた。食べる」ですが、ある時、そのサインを出したので「ご飯食べて来たんだね」と話すと、大きく首を振って否定していました。「何か食べてきたんでしょう。」と何度も確認しているうちに彼女が口をとがらせてチュッチュッと何かを吸っているしぐさをしていることに気づきました。それは「食べる」ではなく「飲む」のサインだったのです。

ゆかりんは、サインの数は多くはありませんが、表情やしぐさを工夫して相手に伝えようとしています。

同じサインでも彼女自身で微妙にしぐさを加えて語彙を増やしていたのです。生活経験を重ねる中で、自分の伝えたいことを彼女なりに工夫していました。

話したい気持ちが強いからこそ生まれたサインでした。

言葉がなくても、伝える側と受け取る側が一生懸命互いの気持ちを汲み取ろうと努力すれば、必ず通じ合うことができるのです。

1
髪をさわって
おまたをさわると
あー
あー
「風呂へ入る」サイン
2
「食べる」サインでも
手をにぎって口元へ持っていき
「物を食べる」と……
3
吸っている……
チュ
チュ
「飲む」サインがある
4
最近多いのが
お腹をたたいて……
うん
パン
パン
パン
「腹減ったー!」のサインだ

当たり前の幸せ1

1
便が出にくいゆかりりんは
排便の時は
薬を牛乳に
混ぜて飲んで出している
2
火曜日に薬を飲み
水曜日に出す
ブリッ
土曜日に薬を飲み
日曜日に出すパターンだった
3
出て
よかったネ
すぐ
出ると
ゆかりりんも
かあちゃんも
ひと安心
あい
4
どうしよう
予定が
狂っちゃう
うーん
なかなか出ないと
ゆかりりんも
かあちゃんも大変だ
うーーん

怪我をしてギプスをはめて腕が使えなくなったりした時には、不便さを実感し当たり前のことに感謝するのですが、治ってしまうと、その当たり前のありがたさを忘れてしまいます。

便が出る感覚は、私たちにとっては当たり前のことで気にもしていませんでしたが、三十二歳で便が出たことを教えるようになったゆかりんを見て、改めて当たり前のことって何だろうと考えるようになりました。

私たちは、歩くこと、箸を持って食べること、話すこと、飲むことなど、日常生活を当たり前に行っていますが、その当たり前ができないということは、どんなにか大変なことでしょう。

ゆかりんの当たり前は、四つん這いで移動すること、スプーンを握って特殊食器で食べること、おむつをしていること、指差しで気持ちを伝えることなどです。しかし、ゆかりんよりももっと障がいが重い寝たきりの人にとっての当たり前は、指を動かす、手や足を少し動かす、泣いたり笑ったりして気持ちを伝えることかもしれません し、それすらできないことが当たり前なのかもしれません。

私たちの当たり前は、本当は幸せなことであることをかみしめながら生活していきたいものです。

当たり前の幸せ2

1
30歳で排便の薬を変えた
毎食食べ物といっしょに摂取することになった
2
すると毎朝必ず出るようになった
3
そのうち「大便が出る」という感覚がわかってきたようで…
うん?
4
自分から出たことを訴えるようになった
あい!
あい!
あい!

この間、二週間の入院を経験した私でしたが、点滴のルート確保をした足が気になり、なかなか眠れませんでした。病室から出られない生活のため、妻に「本を持って来て、雑誌を買って来て」などと要求し、辟易させてしまいました。たったの二週間（私にとっては長い二週間）でしたが、日常とは違う生活の中で「早く家に帰りたい」と強く願っていました。

最近は、LINEビデオで顔を見ながら電話ができますが、「ほっ」とするのと同時にますます「早く帰りたい」と思うのです。

東日本大震災から十年、いまだに日常を取り戻せない方々がいます。コロナ禍で仕事を失った人、感染して家族ともども苦しんでいる人、予期しなかったことが立て続けに起きており、人々の日常をすべて壊してしまいました。

今ほど、当たり前の日常がどれほどありがたいことかと思い知らされる時はありません。

遅咲きのランナー

小さい頃から大便がなかなか出せず…
うーん
うーん
様々な薬を使ってきたが
30歳時に薬を変えると毎日出るようになり
うん
うん
うん
うん
うん
32歳で出たことを自分で教えるようになった
2018年ジャカルタアジア大会女子マラソンで
32才の遅咲きランナー
野上選手銀メダル獲得です！
ゆかりんと同じ年だね
ゆかりんもまさしく遅咲きだ！

三十歳になって排便を促す「酸化マグネシウム」の薬に切り替わると、毎朝、ほぼ決まった時間に必ず排便するようになったゆかりんです。

幼いころから排便がうまくできずに、週二回浣腸をしていました。九歳の頃から「ラキソベリン」という液体の薬を飲み物に数滴混ぜて排便を促していましたが、その数滴が難しく、多すぎると緩い便になってしまうし、少ないと出が悪くなるしで、何滴混ぜるのかが決まるのには時間がかかりました。しかも、薬の量が定まったからといって毎朝排便できるとは限らず、不定期な排便状態が続いていました。

苦節三十二年のある日の朝「うん、うん」と言って盛んに股を指さすゆかりんがいました。始めは何のことか理解できませんでしたが、そのうちににおってきたのです。「あっ。出たのか？」と聞くと「あい、あい」と大きな声が返ってきました。ゆかりんが自分で便が出たことを知らせるようになったのです。毎朝必ず出たことで便が出る感覚がわかったのでしょう。まさに「遅咲きのランナーゆかりん」です。三十代まだまだ伸びしろがあるぞ。

妻の勘

「ゆかりん」は、よーく寝る子だった
ひたすら寝ていた……
3ヶ月検診では……
問題ないですネ
ハー……
そうですか………
……と、言われたが……
キャッ キャッ キャッ キャッ
おねえちゃんはこの頃笑ってたし表情もっとあったよ…
ちょっと見てよー
あっ！本当だ！
当時（1987年ごろ）は、障がいを早期に見つけるシステムは、ほとんどなかった
でも……
母の勘は鋭い！

妻の勘は鋭いのです。時折、妻の勘（霊感）に背筋がぞっとすることがあります。

ある日の夕方、妻が突然「〇さん、どうしてるかな」とぼそっと囁きました。〇さんとは古くからの友人ですが、ここ数十年音信不通のままでした。その妻の一言で、心のどこかでずっと気になっていたことが再び思い起こされてきました。すると突然、電話が鳴り受話器を取ると、なんと懐かしい〇さんの声が聞こえてきました。

なぜ妻が〇さんの話をしたのかは今もって謎です。

ゆかりんは生まれてからとてもよく寝る子でした。「寝る子は育つ」というからと私はあまり気にしていませんでしたし、三か月検診でも問題なしと言われていたので、さらに安心していました。

しかし、妻は長女の三か月頃の写真とゆかりんを比べて「おかしいよ。絶対におかしいよ」と言いました。その一言がきっかけとなり、いくつかの病院で検査を受け障がいがあることが分かったのです。

暗闇の中から

1
ずっと寝ている……
手も足も動かさないし……
2
表情もないし……
この町には相談する所がないんだよなー
3
隣町には専門の先生が来る日があるそうよ！
4
どうして住んでる所でこんなにちがうの？
どこに生まれても、同じじゃなきゃおかしいね最近長女が出産しました。二週間検診や保健師の自宅訪問まであるそうです。障がいの早期発見や早期療育体制が確実に発展充実していることがわかり、安心すると同時に三十数年前のことを思い出すのでした。

表情も乏しく、動きもなくただただ眠っているゆかりんの状態に不安を持っていても、当時はどこに相談してよいのか全く見当もつきません。

「どうしよう」と悩んでいた時、妻が「隣町にいい小児科があるらしいよ」との情報を持ってきました。早速受診すると、隣町には発達専門の先生が来て体の様子を診てくださる乳幼児発達診断が定期的に実施されていることがわかりました。そして、運動発達の遅れがあることが判明したのでした。真っ暗闇の中で、ふっとつかんだ情報から運よく私たちは次のステージへと進むことができました。

時が経ち、生まれて二か月余りの孫の笑顔を見ながら「おれたちはラッキーだったな」と言うと妻が「あんなに大変だったのに前向きに考えられる私たちって……強くなったね」と笑って答えてくれました。

東京旅行

1
A 病院へ
脳性マヒかな？
手が出ませんね
運動発達がおくれてます
脳性マヒ!!
2
B 病院
詳しく検査してみましょう
脳の萎縮がみられます
脳性マヒ？
3
C 病院へ
障がいの確定はなかなかむずかしい
専門の病院を紹介しましょう
脳性マヒなんでは……
4
…そして、とうとう東京の病院へやってきた家族で初めての遠出が東京の病院受診だなんて。

長女は三歳、ゆかりりん一歳。本来ならワクワクする特急あずさの中も、どんよりと沈んだ雰囲気で東京に着いても観光を楽しむ余裕もなくホテルへ直行し、翌日病院へ。半日かけての受診で「脳性麻痺」が確定したのでした。

夕方、新宿駅発の列車を待っていると、突然の停電で列車が遅れるという放送が入りました。「あー、まるでこれからの俺たちの人生を暗示しているようだ」とますます落ち込んでいくのでした。

それから、四年後、再びの東京旅行。三女も生まれ家族五人で出かけることができました。ピューロランドや水族館、上野動物園などを巡りました。先も見えず、もがきながらの生活でしたが、着実に一歩ずつ進んでいることを確信できた旅行でもありました。

笑顔に支えられて

なぜ？
なぜ？
なぜ？
なぜ？
なぜ？
なぜ？
COFFEE
障がいがわかった病院の帰り
家には、すぐ帰れず、喫茶店へ…
大きくなったらどうなる？
しゃべれる？
歩ける？
出るのは
不安な将来ばかりだ
ハー
ハー
…
何もかも
まっ白で…
あー
あー
でも　この笑顔に
励まされて今がある

ゆかりんが朝食を摂っています。そばで見ている妻が「ちょっとちょうだい」と言って口を開けてゆかりんに顔を近づけます。するとゆかりんは、手を口元に当てて「くくくっ」と笑います。「どうしようかな。あげようかなー」とでもいうような、ちょっといたずらっぽい、照れくさそうな、困ったような何とも言えない笑顔です。そして、スプーンでご飯を掬い妻の口に入れてあげます。「ありがとう。優しいね」と妻が言うと満面の笑顔と自慢げな顔を向けます。

思い起こせば、ゆかりんの障がいがわかったあの頃、こんな場面を私たちは想像すらできませんでした。

障がいがわかった日は、「なぜ、どうして……」この思考から一歩も前には進めませんでした。ましてや、ゆかりんの明日のことや将来のことなど考える余裕はありませんでした。困惑し沈黙が続く中、私たちの目に入ったのは、ゆかりんの笑顔でした。すべてを包み込んでくれるような無垢の笑顔に私たちは「はっ」とさせられました。目の前にいるのは紛れもない私たちの子どもなのです。こんな当たり前のことに、その時気づかされたのでした。

この日を境に障がいのことなど何も知らない頼りない親はゆかりんと共に歩んでいく決意をしたのです。

伝えるということ

もう4歳…保育園…どうする…
歩けなくても入園できるかなー
1990年ごろ
歩けない障がい児が入園した前例はなかった
勇気を出して行政に直談判に行った…
えーとえーとえーと
障がいがあるからこそ…集団の中で生活させたいんです……
ですから～
なにしろはじめてのことでとても緊張していたのですが…
障がいがあると教育が受けられないんですか!!
だんだん力が入ってくる
前例がなければ作ればいいじゃないですか!!
ここにいるんですよ希望者が
粘りに粘って
ギュ
そして、職員加配がついて
ゆかりんは、幼稚園に入園した
これを突破口に障がいがあっても受け入れが始まった

私は自分の気持ちを伝えることは、どうも苦手です。人前で自分の考えを発言することは、なかなか勇気のいることです。発言内容を文章で書いて、それを読むことなら何とかできますが……。

ゆかりんの入園や就学など彼女の人生の節目で「ここぞ」という時に、震える声で緊張しながらも発言してきました。「俺がやらなければ」という強い使命感や責任感が私を奮い立たせました。

彼女のおかげで、人前で発言する機会が非常に増え、経験を積んでいくうちに、度胸もつき、自分の気持ちを伝えることができるようになりました。

しかし、妻との意思疎通は、いつまで経っても進歩がありません。「明日、でかけるからね」「えっ、聞いてないよ」「この前言っただろう」「そんなこといつ言ったの。」「あっ、忘れた。ちゃんとカレンダーに書いてあるの?」「でも明日のことだから。頼むよ」「何よ。もし私の都合がつかなかったらどうするのよ」私の言葉足らずや擦り合わせがきちんとできなくて、時々こんなやり取りを繰り返しています。

頑張る気持ちはみんな同じ

幼稚園の運動会。先生たちは他の子たちとは違うゆかりん特別種目を設定してくれました。

「あっ、ゆかりんだけ違うんだ」。戸惑い、恥ずかしさが込み上げてきました。みんなと違うこと、それをたくさんの人に見られているることで私たち夫婦は彼女の姿を見失っていました。

「でも、ゆかりんのできることを考えてくれた種目なんだ」と思い直して彼女の姿を見てみると、必死に頑張る姿が飛び込んできました。そのうちに自然に大きな声で「ゆかりん、がんばれ」と声援を送っている自分たちがいました。たくさんの親の前で「この子は私たちの子どもです。この子の親は私たちです」と初めてみんなの前で認めた瞬間でした。

他の子どもたちとは違う種目ですが、彼女のできそうなこと、できるであろうことを競技として取り入れてくださった先生方には感謝しかありません。

「できる」「できない」の基準で見れば、ゆかりんは何もできません。でも頑張ろうとする気持ちや姿勢はだれにも負けてはいませんでした。そのことに、私たちは気づかされたのです。

就学相談

1
就学相談で
えっ⁉

歩けないので地元の養護学校に行くのなら、訪問教育となります
毎日学校に行けない⁉

2
えっ⁉

歩けない児童には肢体不自由児養護学校があります。この場合は、施設入所となります。

親と離れて生活⁉

3
歩けるようになるのかな？

訓練毎日できる？

毎日学校へ行かせたいし……

6才で親から離れるなんて……

家族と暮すからこそ育っていくものがあるんじゃないの……

4
どうすりゃいいんだよー！

歩けないことでなんでこんなに悩むんだ！

…

ゆかりんにとって何が大事なの？

当時は、就学相談システムが確立されていなかったので、親は大変だった現在の就学相談は、入学予定の学校の相談員と保育園や幼稚園の先生、保護者、場合によっては地域の相談員など本人に関わる関係者が集まり話し合いが行われます。その中には体験入学もあり、親や子どもに寄り添った就学相談を場合によっては何度も行い、できるだけ丁寧に納得のいく進路を決めています。

三十数年前のゆかりんの就学相談は、行政の教育相談員と保護者のみの参加で、学校体制の現状を説明されて「どちらかを選んでください」で終了。まさに親に丸投げ就学相談でした。

ゆかりんの場合、「肢体不自由児養護学校へ施設入所して通う」か「地元の養護学校で訪問教育で週三日二時間の授業を受ける」か、二つに一つの選択だけでした。何で歩けないことでこんなに就学の道が狭くなってしまうのか。

親は悩んでいます。その悩みを聞いてほしい。たとえ願いが叶わなくても同じ方向を向いて相談に乗ってほしいのです。それが就学相談ではないでしょうか。

望まない選択肢

1
地元の養護学校へ通える選択肢は増えたが…
歩行訓練は今が大事なんだよなー
家族との生活をとるか？
訓練をとるか？
悩むわ！
う〜ん どうしよう…
悩んだ末に、家族から離れた生活と歩けることを願って訓練を選択した……
2
家から離れた肢体不自由児養護学校に入学した
毎週、土曜日の夕方に施設に迎えに行き、日曜日の夕方、施設に帰る生活が始まった
3
キャッ
家に帰ると姉妹と遊んで楽しそうなゆかりんだが……
4
……
施設への帰り、親との別れ際にさみしそうな表情をみせるゆかりんだ……

元旦の翌日のことでした。「今日はご飯がないから、お餅ですよ。お汁粉にするかお雑煮にするか、どっちがいい」「えっ、ご飯がないの！　うーん、どっちにするかな……」私はご飯が食べたかったので悩みに悩んでいました。「どっちにするの！　早く決めてよ」せかす妻。「あー、じゃー、お雑煮でいいよ」しぶしぶお雑煮を選んだ私でした。食べ物ですので食べないという選択肢もありますが、人生の選択はそうはいきません。

当時の就学は、知的障がいがあって歩けなければ、「施設入所して肢体不自由児養護学校に毎日通う」か「毎日学校に通える体力があるのに、地元の養護学校で週三回二時間の訪問教育」かのどちらかの選択肢しかありませんでした。私たちの望みは、地元の養護学校に毎日通うことでしたので、どちらも望まない選択肢でした。

六歳というと、まだまだ親や家族との生活の中で心の成長を育む時期です。しかし、歩ける可能性も捨てるわけにはいきませんし……。

どちらも望まない中から一つを選ぶというのは、私たちにとって非常に残酷なことでした。

試行錯誤

1

施設入所して学校へ通うことを選択したが…

訓練の回数は多くはなく…

2

四つん這いはできるので、動きが多く
堅い床にアゴを打ちつけて

3

前歯が１本折れ差し歯になったり
腕を骨折したりケガが絶えなかった

4

家から通ってもできる訓練回数だよ
よく動くから、畳がいいのよネ
家族といる方がいいんじゃないの…
……歩くことを優先させたけど…

またまた悩むとうちゃんかあちゃんだ

悩みに悩んだ末に、親から離れて施設入所し、肢体不自由児養護学校に通うことを選びましたが、「ゆかりんにとって、つらい生活を強いてしまった」との後悔が私たちの心の片隅にいつもくっついて離れませんでした。

歩く可能性があるのなら、今が大切だと考えての選択でしたが、訓練の回数は多くはなく、歩けないとはいっても四つん這いでどこにでも移動するゆかりんは怪我が絶えませんでした。

土曜日に施設に迎えに行き、家で過ごし、日曜日の夕食時までに施設に帰る週末の日課でしたが、なんといっても忘れられないのは、夕食の介助を受けた後、別れる時の彼女のさびしそうな悲しそうな顔でした。

これまでの人生でゆかりんのあんな表情は今もって見たことがありません。

家庭環境などで入所する場合もありますが、施設入所は、六歳ではまだ早かったのではないかと思っています。

子育てには、正解がありません。いつも試行錯誤の日々です。でもゆかりんが大人になった今では、あれもいい経験だったと思えるようになりました。

仲間がいること

1990年、訓練で知り合った親たちと
子どもたちに毎日学校教育を受けさせたいとの
願いから「ぞうさんの会」を結成した
この会では、肢体不自由児も、他の障がい児
と同じように、地元の養護学校に毎日
通えるように要望してきた。
そのために、バザーをやったり……
私たちの活動を知って下さい
県の行政の人たちと話し合いも行った
地元の養護学校に通わせて下さい
やったー!
1991年
私たちの要望が
認められた
毎日通学できる、体力があれば訪問教育の対象ではないですね。…

ゆかりんと同じ障がいの子を持つ親たちと出会ったのは彼女が二歳の頃から通い始めた訓練室でした。

「くよくよしてもしょうがいないじゃん」「それより、この子たちの就学は大変なのよ」「毎日学校に通えないかもしれないのよ」「毎日学校に通うためには親元から離れて施設入所しなくちゃいけないんだって。そんなバカなことある?」「えっ、えっ」「一体、何のこと?」

自分だけが不幸の真っただ中にいると思っていた私たち夫婦は、様々な障がいのために発達が遅れている子どもたちの現状を知りました。そこには、たくましく前を向いて明るく歩んでいる親たちがいました。

そして初めて知的障がいがあり、歩くことができない障がい児の就学が普通ではないことを知りました。

親たちで会を結成し、県の行政との話し合いを行ったり、現状をたくさんの人々に知ってもらうためのバザーを行ったり、時にはみんなで会食をしたり、それぞれの家庭に行き来して、お互いの悩みを打ち明けながら絆を深めていきました。仲間がいることがこんなにも心強いと思ったことはありませんでした。一人で悩んでいるだけでは前に進めないこと、思いを同じくする人々と共に行動することの大切さに気づかされました。

癒された一杯のコーヒー

1
2歳の頃のゆかりんの訓練も
車で片道50分かけて病院へ通っていた……
2
しかし、訓練室に近づくにつれて……
あー……
ワーン
大泣きしはじめるのだ…
3
訓練が始まると、ますます大泣きし、泣きけいれんを起こしてしまう…
ワーン
訓練中止だ!!
4
でも先生に悩みを聞いてもらい、コーヒーを飲んでホッとするかあちゃんだ
しかたないわよ
せっかく50分かけて来たのに……
けいれん後 ねむっている

コーヒー豆を挽くたびに思い出すのは、当時のゆかりりん担当の理学療法士のH先生です。

二歳のゆかりりんは、週一回片道一時間近くかけて病院に訓練に行っていました。ボイタ法という訓練でH先生がゆったりと構えて行ってくれていましたが、ゆかりりんにとっては苦痛だったのでしょうか。訓練が始まると大泣きして痙攣を起こしてしまい、訓練は一時中止です。

こんなことが何度も続くうちに訓練室に入ると泣き出す、病院に入った途端泣き出すといった具合で、泣けば訓練が中止になることが分かったのでしょうか。さすがゆかりりん。どんどん賢くなっていきました。

一時間もかけて訓練に行ったのに、全くできなかったことはしばしばでした。そんな時、H先生が挽きたてのコーヒーを淹れてくれ、家のことや子どもを取り巻く現状について様々な話をしてくださったり、悩みを聞いてくださいました。訓練はできなかったけれどこのひと時が妻の気持ちを豊かなものにしてくれました。

今では、H先生も亡くなられてしまいましたが、豆を挽いてコーヒーを飲むことの豊かさを教えてくれたのはH先生でした。

根気よく続ける訓練

1
手先の訓練中…物をつまむ訓練だ。だいぶうまくなった
うまいよ
じょうず!!
2
ふーっ
やっと着いたー………
……
50分かけて家に到着したが
3
あっ!
…
わっ!カギをつけたままロックしちゃった!!どうしよう…
4
そこをつまむの!そこよ!
さっき練習したでしょ!できる!できる!ほらつまんで!

この粘り強さは誰に似たのだろう。「俺じゃないな」

ゆかりんは家では訓練用の積み木をやっています。色分けして棒状の積み木を穴に差し込む作業ですが、すべて指し終えると再び取って、また差し込むということを繰り返しています。脳性麻痺のため細かな作業には力の配分がうまくできず、腕に力が入って差し込むことに苦労していますが、それでも彼女は一生懸命作業を続けています。「ちょっと、休んだら」と言ってもやり終えるまでは決して止めません。

訓練を始めたばかりの頃は泣いてひきつけを起こしたり、病院に着いただけで大泣きして、なかなか訓練をやらせないゆかりんでしたが、大きくなるにつれて訓練内容が歩行や手先の訓練に変わってくると意欲的に取り組むようになりました。

やり始めたらやめられない性格は、細かい裁縫や手芸が好きでやり始めると根気よくやり続け止まらない妻に似たのだろう、と思うのです。私はいろいろと手を出すのですが、なかなか完結していません。

「あなたは、絶対に期限を決めないよね。だからだらだらと終わりがないのよ」きつい妻の一言です。

ビストロシフォン

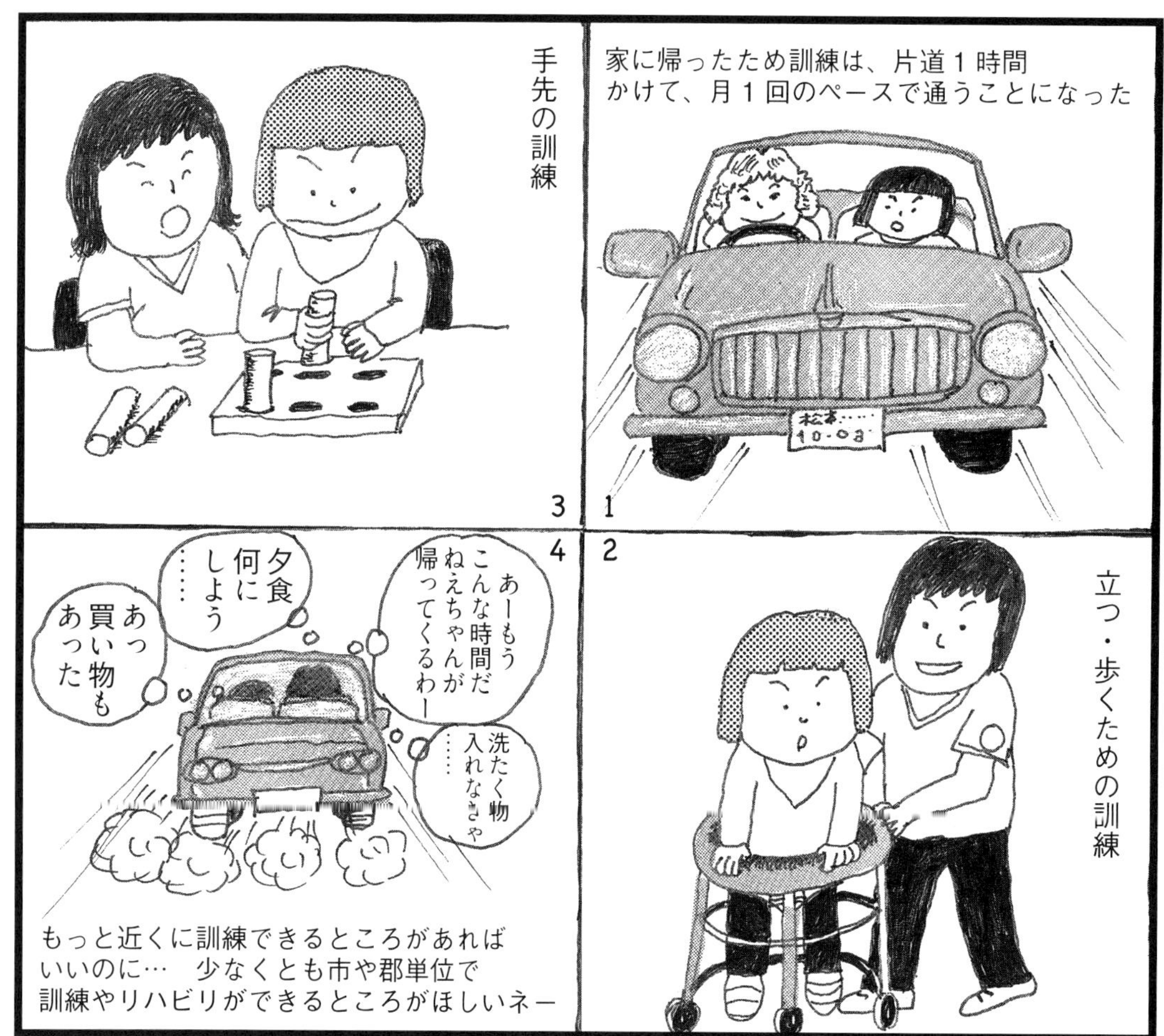

1
家に帰ったため訓練は、片道１時間
かけて、月１回のペースで通うことになった
2
立つ・歩くための訓練
3
手先の訓練
4
あーもう
こんな時間だ
ねえちゃんが
帰ってくるわー
夕食
何に
しよう
……
あっ
買い物も
あった
洗たく物
入れなきゃ
……
もっと近くに訓練できるところがあれば
いいのに…　少なくとも市や郡単位で
訓練やリハビリができるところがほしいネー

レトロな物が好きな妻が初めて新車を購入しました。スバルビストロシフォンです。レトロ風であずき色、車内も木目調にしてもらい、とてもお気に入りの車でした。この車にゆかりんを乗せて片道一時間のドライブをして訓練に通っていました。

しかし、5年も経つと、ゆかりんも大きくなり、それに伴って車いすも大きくなりました。すると、お気に入りのビストロシフォンには車いすを載せるのが大変になってきました。主にゆかりんの訓練や通院、通学のために使ってきた車でしたが、そろそろ変える時が来たようです。

とてもお気に入りの車でしたので、手放すことをためらっていた妻でしたが、仕方なく車いすの出し入れが比較的楽なテリオスに変えました。

今は、タントに乗っていますが、運転中に時々、ビストロシフォンに出会うと、「あー、いいなー。また乗りたいよ」とつぶやいています。現在は、車いすも改良が進み、コンパクトで軽量なものが出ていますので、再びビストロシフォンに乗るのも夢ではないかもしれません。

親の一大決心

じじはきれい好きだ
やめなさいこんなところで!!
私の!!
ゆかりん4歳の頃
そろそろ自分で食べる練習しようか!
えっ!
そして挑戦だ!
ところが…
こぼすわ
こぼすわ
ポロポロ
ポロ
毎日、毎日
朝昼夕は
戦場だ!
きれい好きなじじは言った
う〜む
にわとりのえさをばらまいたようじゃナ

今では、お腹が減っていると、がつがつと口に詰め込み、ゲホゲホとむせてしまい、そのたびに妻に叱られるゆかりんですが、ここまで来るには大きな決断がありました。

四歳ごろまで、ご飯を食べさせてもらっていたゆかりんでしたが、いつかは自分で食べる練習をしなければと常に思っていました。しかし長女や三女がまだまだ小さく、ゆかりんに力を注ぐ決心がつかないままでした。それでも、ゆかりんのこれからを考えて練習を始めたのでした。

スプーンを持って、特殊食器からご飯を掬って食べる、どんなにこぼしても見守り続け、スプーンで掬いうまく口に運べたら褒めることを徹底して行いました。

しかし、そこには相当な忍耐が必要でした。まず、ゆかりんだけではなく長女や三女にも目を配って話をしたり、特に三女はまだまだ小さく食事の場面では介助が必要でした。そして何よりもゆかりんの食べた後の片づけは大変で、毎日が戦場のようでした。

こんな格闘が半年余り続くうちに、ゆかりんはだんだんこぼすことが少なくなっていくのでした。

成長は危険がいっぱい

ゆかりんの家での移動は
四つん這いである
4歳頃階段を一、二段
登れるようになり
…
すごい！
みんなで喜んでいたが……
いつの間にか
ずっと上に
登れるようになった
…
ヒェ〜〜！
あれ以来
二階には行っていない……
……

ゆかりんは、小学二年生で肢体不自由児養護学校から地元の養護学校に転校しました。立位や歩行はまだまだ難しかったのですが、車椅子の操作は驚くほど上達していました。ブレーキや障害物からの回避、方向転換など、一年間でマスターしていました。

だからといって、一人で車椅子を操作しての外出は危険です。当然室内使用になりますが、家の中では車椅子は使えませんので、せっかく獲得した力を発揮する場がありませんでした。散歩の時に、彼女が操作するのに付き添ってみましたが、何でもないような段差につまずいたり、側溝が気になったり、坂道や上り坂、車が行き交う場所では、かなりの注意を払わねばならず、とても大変でした。

ゆかりんの成長はうれしいことなのですが、それとは裏腹に彼女の安全確保のためには常に見守りが必要で、動きが激しくなるほど大変になるのでした。

安全ばかりを重視すると、ゆかりんの行動を制限してしまうことにもなり、なんとも歯がゆい思いでしたが、彼女が年齢を重ねた今でもその状況は変わっていません。

自分のことは自分で

1
ちょっと
買い物してくるよ
あい！
大人になって30分程は、ひとりで留守番ができるようになった
2
しばらくしておしっこが出たのがわかったが、
だれもいないこともわかって……
3
帰ってみると……
あい
あい
おむつを持って座っていた
えっ！
4
あっ
自分で出したんだ

「またやってくれたな」現場はすべてがぐちゃぐちゃです。

そばには、やり終えて満足そうな顔をして座っているゆかりんがいます。

二十歳を過ぎた頃から、ゆかりんは、家族が部屋にいなくなったことを見計らって事業所へ持っていくカバンを取ってきて中身を入れ替えたり、テーブルに置いてあった新聞を別の場所に移動させたり、おむつを取りに行ったりと自分の気になっていることをやるようになりました。

「自分のことは自分でやりたい」気持ちがとても強いゆかりんは誰からも阻止されない時を見計らって行っているようです。彼女は、生活のすべてにおいて介助が必要ですが、決して受け身ではありません。「自分でできることは自分でやる」という意欲に満ち溢れています。

彼女のできることは限られていますが、今、自分のできることに全力を注ぎます。

意欲満々

1
自分で首を通せるようになった
2
ある朝… 朝は忙しいが…
着替えるよー
あい！
3
自分で着ることをアピールだ
うん
うん
うん
うん
うん
うん
えっ！
4
しかし、時間が…
手伝おうかー
ウーん
イラ
イラ
イラ
イラ

「えっ。自分でやるの！　時間がないのよ。やってあげるよ」

大きく首を振って拒否するゆかりん。「本当に時間がないの！」またまた大きく首を振り拒否するゆかりん。「じゃ、自分でやりなさい」と根負けする妻。

自分でやるとは言ったものの、服を掴むがなかなか首が通らない。その様子をいらいらしながらも見守る妻。ポコッと服から顔が出た。「できた！」と思わず喜びをあげる妻。「できたぞ」と言わんばかりに満足気な表情を見せるゆかりん。朝のあわただしいひとコマです。

学校生活の時は、スクールバスの時間に間に合うようにバス停まで連れて行かねばならず、毎朝時間との戦いでした。

卒業して事業所へ通うようになってからは、自宅に送迎車が迎えに来てくれるようになり、時間的な余裕ができました。そのため、ゆかりんの意欲を余裕を持って尊重することができるようになりました。

三人目の孫誕生で思うこと

孫が誕生するたびに、私たち夫婦は、ゆかりんの誕生当時の数か月を思い出します。言葉には出しませんが、眠ってばかりいないか、笑顔はあるか、手は握るか、目で動くものを追っているかなど、孫を盛んに観察していることに気づくのです。

そこには「もしも、孫が障がいを持って生まれたら」と考えている私たちがいます。しかし、こう考えてしまうことにものすごい罪悪感が湧いてくるのです。「もしも障がいのある子が生まれたら……」と考えること自体がゆかりんの存在を否定していることになるのではないかと思うからです。一般的に、障がいのある人たちを間近で見たりすると、「うちの子は障がいがなくてよかった」とほとんどの人たちが思うのではないでしょうか。

でもそれは、人を人として尊ぶことを根底から否定してしまうことにつながるのではないのでしょうか。障がいのある子を持つ親でさえ障がいを否定してしまう気持ちが生まれてしまう現実に接して、「障がいを受け入れる」のは難しいことだと感じます。それでも、ゆかりんと向かい合うと無条件に彼女を受け入れている私たちがいるのです。かけがえのない我が子なのですから。

また逃す。世紀の瞬間

三女予定日だ
とうちゃんは、仕事を
休んで朝から
付き添う…
まだ？
まだ？
今度こそ
出産に
立ち会うのだ！
まだ
まだね
夕方になっても
生まれる気配もなく…
ちょっと
コンビニへ
行ってきて
いい？
いいよ！
まだまだ
出てきそうも
ないから！
…とうちゃんが
コンビニへ行ったほんの30分程…
突然陣痛が始まった！
う～ん
そして
「あっ」と
いう間に
三女誕生!!
オギャーオギャー
おとうさん！
どこ行ってたの！
生まれちゃったよ
まったくー！
えっ！
うそでしょ
今日は、何のために…
休んだのだ…
バサッ

職場のみんなに「出産に立ち会ってきます」と宣言し、勇んで三女誕生の立ち合いに臨みました。

長女、次女の出産には立ち会えなかった私は、三女こそはとその日を迎えたのでした。

長女と次女ゆかりんは妻の実家に預け、その日は朝から妻に付き添い、いつ陣痛がきても対応できるように病室に居座っていました。妻も三人目となると堂々としたもので、「いつでも来い」と言わんばかりに、余裕で過ごしており、おろおろと心配する私は、逆に妻から励まされる始末でした。

ところが、昼を過ぎてもなかなか出てくる気配がありません。妻も「今日は出てこないかもね」と平然と言っていました。言葉通り、夕刻が過ぎても気配がありません。「これは、夜中までかかるかな」と思い、手持無沙汰な私は、コンビニに雑誌を買いに行きました。妻も「まだまだ、時間がかかりそうだから、行ってきたら」と。

ところが、雑誌を買って病室へ戻ると「お父さん、どこ行ってたの！」と看護師からの恫喝。妻が言うには、「すぽっと生まれた」とのこと。

翌日、職場で事の顛末を話し、みんなに呆れられたのでした。

三女誕生

1
三女は、じいちゃんが大好き
いつも独占していた
ゆかりんが入所している間は
いつもいっしょだったが……
にゃー
2
家で過ごすようになったゆかりんも……
あー
あー
じいちゃんを求めてやってくるのだ
3
あーあー
やだー!!
じいちゃんの取り合いだ
4
家で暮すと、こんなことは当り前だ
二人のケンカが絶えない毎日となった
わたしの
だめ!
あーあー!

今では、妻は「四人目も欲しかったな」と言いますが、当時は三人目を迎えるべきか悩みに悩んでいました。

三人目が欲しいと願っていた私たちでしたが、障がいのあるゆかりんを抱えながら育てられるのか、三人目も障がいを持って生まれたらどうするのか、不安が大きく、なかなか決心がつきませんでした。でも同じ障がいのある子を持つ親の姿を見て三人目迎えることを決めました。

子どもが三人となったことで家はとても賑やかになりました。ゆかりんは三女とライバル関係になり、けんかも絶えませんでしたし、長女は三女という遊び相手ができてうれしそうでした。

今は、三女がゆかりんのおむつ替えをしてくれたり、弁当を作ってくれたりしていますし、長女も三女と買い物に出かけたり、相談相手になったりと三人が良い関係を保っています。「やっぱり三人いてよかった」と、子どもたちが大きくなって改めて思っています。

自然体

家では、ゆかりんの介助は普通のことだ
はいっ
あい！
長女がお菓子を食べさせてあげたり
三女が車イスを押して散歩をしたり
ある日散歩をしていると
えらいねー
すごいわ
おばちゃんたちがほめてくれた
え？！
何がえらいの？
わかんない
当り前のことをほめられて納得のいかない三女だった

「明日、お弁当持ってくの?」ゆかりんはすかさず「あい」と返事をします。三女が「もう、作るのやだな」とストレートに気持ちを発すると、ゆかりんは両手を合わせて、「お願い」のポーズをして見せます。その姿を見て「しょうがないな。作るよ」と言い、ゆかりんを安心させています。

社会人となり毎日の弁当作りを始めた三女は、「ついでだから」とゆかりんの弁当も作っています。自分が弁当を持っていく日でなくても、ゆかりんの弁当を作るのです。

長女が嫁ぎ、祖父も亡くなって、ゆかりんを取り巻く状況が変わりました。休日に私たちが出かけなくてはならない時は、三女にゆかりんの支援をお願いしていますので、ゆかりんと三女との関係がこれまで以上に強くなってきています。

なにげない一コマですが、「弁当を作らなくてはならない」というがちがちの義務感ではなく、普通のこととして、日常の一部として行っている姿に三女のすばらしさを感じています。

当たり前の生活

1
長女が幼稚園の頃は友だちが家に来て
わいわい遊んでいたが
2
小学三年ごろになると
友だちは家に来なくなった
3
自分の家に障がいのある妹がいるということが引け目になっているのだろうか
うーんだんだんいろんなことを考える年令になってきたな
あい
あい
4
でもそんな心とは、うらはらにゆかりんと普通に接する長女がいる

「今夜はカレーよ」と妻が言うと、幼かった子どもたちは「やったー」と喜びの声を上げました。

みんな嬉しそうに食事を始めたころ、違うにおいが漂ってきました。「くさーい」「おっ。出たな」「はい、はい、おむつ替えるよ」妻があわてて、おむつ替えです。私たちはおむつ替えを横目で見ながら、黙々とカレーを食べるのでした。

その頃のゆかりんは、排便が不定期でしたが、食事の場面になると排便をすることが多く、家族は、おむつ替えのにおいが籠った中での食事が当たり前になっていました。

外出時も、ゆかりんは車いすに乗って移動するので、長女も三女もみんなで押し合って歩いていましたし、長女、三女が小学生になるとゆかりんのおむつ替えも当たり前に行っていました。

私たち家族の日常は、ゆかりんと共に過ごす生活なのです。

将来への不安

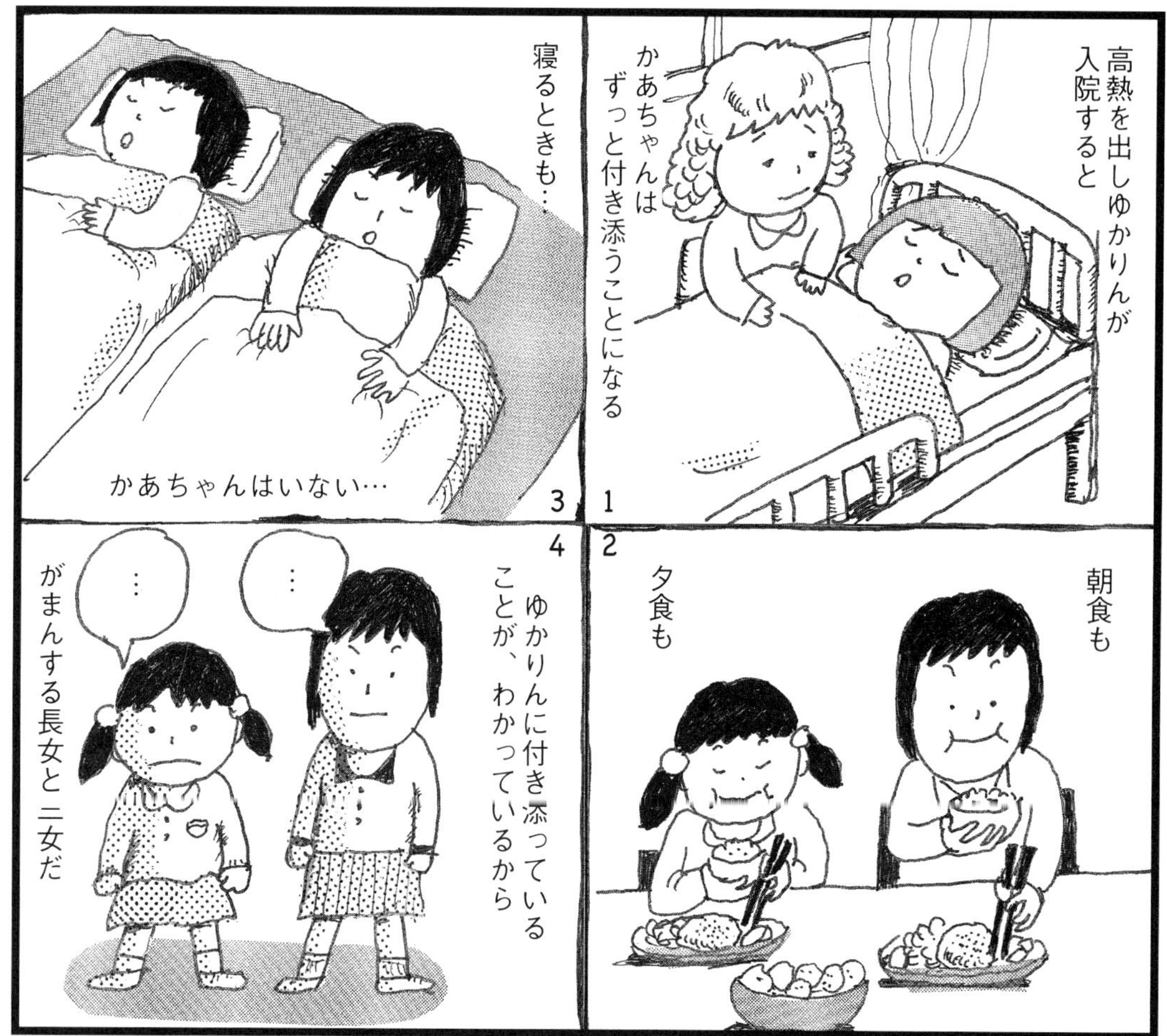
1
高熱を出しゆかりんが入院すると
かあちゃんはずっと付き添うことになる
2
朝食も
夕食も
3
寝るときも…
かあちゃんはいない…
4
ゆかりんに付き添っていることが、わかっているから
…
…
がまんする長女と二女だ

私たちの生活は、ゆかりんが最優先されていました。ゆかりんが入院すると妻が付き添うため、しばらくは母親のいない生活を送ることもあり、長女、三女には我慢を強いることもしばしばでしたが、彼女たちは、これも当たり前のように受け入れてくれていました。

特に三女は、普通に車いすを押していましたので、他人に褒められても、なぜ褒められるのかよくわからなかったようです。そんなことが何度か続くうちに、ゆかりんの障がいを認識していったようです。

私たち夫婦も還暦を過ぎた現在、ゆかりんも定期的に短期入所を使い、親元を離れた生活を経験し始めました。六歳の入所とは違い、嬉しそうに施設に向かうゆかりんです。

しかし、これから先、いつまでこの我が家の当たり前の生活ができるのでしょう。

今後ゆかりんの施設入所を考えるのか、親亡き後のゆかりんの生活をしっかりと考えていかなくてはならない時がすでに来ているのです。

食べることが好き

夕食のことを話しているかあちゃんと三女
夕食
何にしよう
どう
する？
ごはん
ペチャ
クチャ
ペチャ
クチャ
はっ
「あっ」という間に自分の席へ……
ごはん
……
……
が、しかし
準備は、これからなのだ…
うそー！
えーっ！

ゆかりんは食べることが大好きです。彼女のそばで食べ物の話をすると、聞き耳を立ててよーく聞いています。かなりの食べ物の名称を理解していますので、「ご飯」の言葉を聞いただけで、いつの間にか自分の椅子に座っています。まだ準備ができないとわかると、食事の準備ができるまで静かに椅子に座って待っています。

ですからちょっと油断するとすぐ太ってしまうので、妻は「ダイエット、ダイエット」と体重管理を行っています。

厳しい管理下でも、ゆかりんは貪欲に食を求めます。事業所から帰って来ると、せんべいなどのおやつを食べるのですが、しばらくすると、おなかをぱんぱんとたたくしぐさをします。「腹減った」のサインです。

ゆかりんは好き嫌いなく何でもおいしそうに食べます。二十歳頃までは、私たちが選んだおかずを文句も言わずに食べていましたが、最近では、自分でおかずを指定するようになりました。おかげで、肉や油ものばかりを指定するゆかりんや、彼女の言うがままにおかずをあげている私に、妻の監視の目はますます厳しくなってきました。

寿司が好き

「三つ子の魂百まで」のことわざ通り、ではないですが、三歳の時に、専門店でおいしいマグロを食べて以来、マグロには目がないゆかりんです。

ゆかりんの楽しみは食べることですが、その中でも、「寿司」の言葉に、他の食べ物とは比べ物にならないほどテンション高く声をあげますので、「寿司」が一番好きなんだろうと思っています。

「今晩は、寿司にしようか」などと何気なく話してしまえば、ゆかりんの頭の中は「寿司。寿司。寿司」で埋め尽くされます。ふたを開けたら寿司じゃなかったとなった時は、とても残念そうな悲しい表情をしています。

彼女が話すことができたなら「なんだよ。今晩は寿司って言ってたじゃないの。楽しみにしてたのに！」と文句の一言でも言っていたことでしょう。

それゆえ、何も訴えない彼女だからと、適当に受け流してしまうことはできません。「ごめんね。すっかり忘れちゃったのよ。今度は必ず寿司にするからね」とゆかりんを説得している私たちです。

ゆかりんお菓子を食べる

ゆかりんが父親へのプレゼントだと言って事業所からお菓子をもらってきました。嬉しそうに渡し、「食べていいよ」とお菓子を私に押し付けてきました。

「ありがとう」と言ってお菓子を食べようとした時です。強い視線をひしひしと感じたのです。ゆかりんがじっと私を見つめていたのです。どうも、「食べていいよ」とは言ったが、それはもともと私の物だと……。

「なんだよ。おとうさんが食べてもいいよね」と言うと激しく首を振るのです。そして結局、お菓子はゆかりんのお腹の中へ消えていきました。

とはいえ、普段のゆかりんは私や妻にお菓子を分けてくれます。「ありがとう」と言うと、とてもうれしそうな表情をします。ゆかりんの分だけお菓子を配った時は、自分でさっさと食べてしまい、「ちょうだい」と言うと自分のお腹を指さして「もうお腹の中だよ」と言わんばかりにニタニタしています。

食べ物には、貪欲なゆかりんです。

視線を感じる時

ゆかりんに見つからないように少し離れたキッチンでつまみ食いをしていると、必ず視線を感じます。

あまりに鋭い視線に恐れおののき、つい分けてしまう私たちです。ちょっと太り気味のゆかりんですので、お菓子をできるだけ食べさせないようにと思っているのですが、彼女のいる場所では、どこに隠れて食べても見つかってしまいます。

ゆかりんの鋭い視線は、翌日事業所へ持っていく荷物を準備している時にも感じます。

着替えは入れたか、替えのおむつは入れたのか、歯磨きセットは？連絡のノートは？などなど、すべての持ち物をバックに入れ終わるまで、ゆかりんはじっと監視しています。「ちゃんと用意してよ。忘れ物ないようにね」と私に言っているようです。

食べることと事業所へ通うことはゆかりんにとっての生きがいですので、より一層監視の目は鋭くなるのです。

キュウリが好き

あれ？
空のタッパーがあるけど……
あん？
えっ！
か…からっぽなの？
ガラ
30分程前にさかのぼる
あとで食べるからね
あい！
キュウリの浅漬け
待ちきれなかった…
キュウリ大好き！
モグモグ
モグモグ
モグモグ

我が家の畑では、毎年キュウリを作っています。今年は五本の苗を植えました。夏を迎えると、キュウリは次々と育ち、収穫時期を逃すと、どでかいキュウリが「何で早く収穫しないのだ。わしは、もう食べられないぞ」とでもいうように生っています。次から次へと生るキュウリをどのようにして食べるかが、毎年の悩みの種です。

採れ立てのキュウリに味噌をつけて食べるのが最高なのですが、毎日だと飽きてしまいます。キュウリの酢漬け、キュウリの浅漬け、ポテトサラダのキュウリなどの料理がありますが、それでもキュウリはそんなに減りません。

そこで、今年は、キュウリのキュウちゃん漬けを作ってみました。塩漬けにしたキュウリを醤油、みりん、砂糖、唐辛子少々を入れて煮込み、冷ましてから冷蔵庫に2日ほど入れておきます。自分でいうのも何ですが、結構おいしく出来上がりました。

今までは苗を八本ほど植えて、食べきれないほど生り、たくさんのキュウリを捨てていましたので、その反省を生かして今年は五本にしたのですが、祖父が亡くなり四人家族になった今では、五本でも多くなってしまいました。

ゆかりんがキュウリ好きとはいえ、キュウリばかりを食べさせるわけにはいきません。ゆかりんの前にキュウリを置いておけば、きっとすべて食べ尽くしてしまうでしょうが……。

キュウリにはいろいろな調理方法がありますが、ゆかりんの舌は肥えていますので、一番好きな食べ方はやはりキュウリに味噌をつけて食べることです。

採れ立てのキュウリをちょっと冷やしてから味噌をつけて食べる暑い夏の日。あー、たまりません。

ゆかりんは三、四歳の頃から、おいしいものの味が分かるようになったのか、好きなものを欲しがるようになりました。三歳で食べたマグロの刺身、そして四歳で食べた採れ立てのキュウリ。これがゆかりんの自己主張の始まりだったような気がします。

滅多に泣くことがなかったゆかりんが、キュウリがないことで大泣きしたのにはびっくりしました。

あの時、真っ暗な畑にわざわざキュウリを採りに行ってくれた従妹のじいちゃんには迷惑をかけました。

後日、話を聞くと自分の作ったキュウリを泣いて欲しがってくれたことがとてもうれしかったそうで「ほっ」としたのでした。

食べることは大切

1
インフルエンザで
高熱を出し
入院となった
2
2、3日すると食欲も出て
あい！
うどんよ
3
このうどんの
だしが
とっても
うまかった！
4
退院するまで一日3食
うどんを食べまくった
ゆかりんだ
ズズズズズ
ズズズズ

ゆかりんが九歳の頃、インフルエンザで高熱が続き、緊急入院をしました。ゆかりんが入院すると、必ず付き添いが必要になり、入院中は妻がずっと付き添いました。障がいがあるため、誰かが付き添わねばならず、家族でなんとか協力して乗り越えてきました。

食べることが好きなゆかりんもさすがに食欲がなくぐったりとしていましたが、数日後には、食欲も出てきました。ゆかりんは、昼食に食べたうどんがお気に入りになり、入院中は、朝昼晩とうどんを食べまくりました。

私も付き添いの時にちょっと味見をさせてもらいましたが、確かにこの病院のうどんの出汁は格別で、何杯でも食べたくなる味でした。入院しても、味にはうるさいゆかりんでした。

ゆかりんは、多少の病気では食欲が落ちません。だから、病気もすぐに治ってしまうのでしょう。

毎日おいしそうに食べるゆかりんの食べっぷりを見て、食べることは大事なことだと改めて思い知らされます。

小さい頃の味

1
3歳の時初めてまぐろの
刺身を食べた
それが
とってもうまかったのだ
2
それ以来
まぐろばかりを
欲求し……
うん
うん
うん
うん
うん
3
回転寿司でも
まぐろのネタばかり…
もう！
4
とうちゃんかあちゃんは
残ったシャリを…
ネタ食べて〜〜〜！
あ〜
ふ〜
ひたすら食べる

三歳の時に、初めて食べたマグロの味が忘れられず、以来、マグロ大好きになったゆかりんです。確かにマグロはみんなが好きな魚ですが、初めて食べたマグロがよほどうまかったのでしょう。幼い頃の味は覚えているものなのでしょうか。

私の小さい頃の味の思い出は、まず早朝に売りに来た納豆です。「納豆、納豆」と言いながら自転車を引いてくるおじさん。自転車の荷台に乗せた箱の中から、おじさんが経木に粒の大きな納豆をたっぷり入れ、からしと青のりを添えてくれました。家に持ち帰り、卵を入れて食べた納豆は忘れられません。

今でも、いろいろな納豆を食べて小さい頃に食べた味に近いものを探しています。どんな味なのか説明することはできませんが、納豆を食べると小さい頃の味が蘇ってくるから不思議です。

マグロの好きなゆかりんは、寿司が大好きで、「寿司」の言葉にテンションが上がります。小さい頃のゆかりんは寿司はマグロしか食べませんでしたが、今では、寿司になるとあまりに食べまくるので、私たちは制限をするのに必死です。

なぜか鯉の話

日曜日の夕方…カバンを指差して
あい！あい！
明日学校へ持って行くカバン
明日は学校だねがんばって！
あい！あい！
グイ
グイ
明日学校へ行くことをアピールするが…
しばらくして視線が合うと…
えっ
ジー
再びアピール！これが何度も何度も続くのだ
あい！あい！あい！あい！あい！
もうやめて……

私は鯉が大好きです。鯉が好きだと話すと、結構珍しがられますが、幼いころから、祭りの日や大晦日、お盆で親戚が集まった時など我が家では必ず「鯉こく」が作られてきました。それは、私にとって特別な日の、ものすごいごちそうだったのです。

また、隣が料亭でその板前のご主人が宴会などがあると必ず鯉の塩焼きを持ってきてくれました。その味が今でも忘れられません。いろいろな人に「鯉の塩焼きはうまい」と話すのですが、ほとんどの人が食べたことがないと言うのです。いつか又、必ず食べたいと思っています。

私が小さい頃は、魚屋で鯉をさばいて売っていましたが、今では、鯉はスーパーに普通に売られており、圧力釜で料理すると骨まで食べられ、特別な日でなくても食べられます。ですから、無性に食べたくなると、妻に「鯉こく食べたいな」とおねだりをするのですが、妻は聞き流しています。スーパーに買い物に行った時に鯉があると「鯉食べたいな」とつぶやくのですが、「またね」とスルーされてしまいます。そこで、何度も何度も「鯉食べたい」を言うのですが、終いには「うるさいわね。鯉を食べるのはあなただけなのよ」と叱られています。

言葉はなくても

1
パジャマに着替えた ゆかりんは……
またまた…
2
おっ!
あい!
あい!
グイ
3
パジャマに着替えたね
あい!
4
このアピールは何度も続く……
わかったよ わかったよ
あい!
あい!
あい!
あい!
あい!!
あい!
あい!
あい!

言葉のないゆかりんですが、コミュニケーションを取ろうと自ら身振り手振りでどんどん発信しています。もしゆかりんが話すことができたら、きっとおしゃべりな活発な子になっていたのではないかと思ってしまいます。

私たちは彼女の身振り手振りに対して言葉で返していますが、彼女の思いと私たちの言葉が違ったときは、何度もしつこいほどに繰り返し発信してきますので、私たちも必死に彼女の言葉をくみ取ろうとしています。家に帰って来ると事業所で一日やったことを身振り手振りで話してくれますが、三十年以上も共に生活していると彼女との会話は自然にできていることに今更ながら驚いています。

コミュニケーションは、発する言語がなくても誰とでもできることを彼女は教えてくれます。お互いが相手の気持ちを知ろうとちょっと努力すればどんな障がいを持っていようと外国の人たちでもきっと伝え合うことができるでしょう。

最近、妻がスピード通訳機なるものを購入しました。日本語を外国語に翻訳する機器ですが、まだ使う機会もなく机の中で眠っています。あー、ゆかりんの気持ちがわかる通訳機がほしいなーと思うこの頃です。

生活の知恵

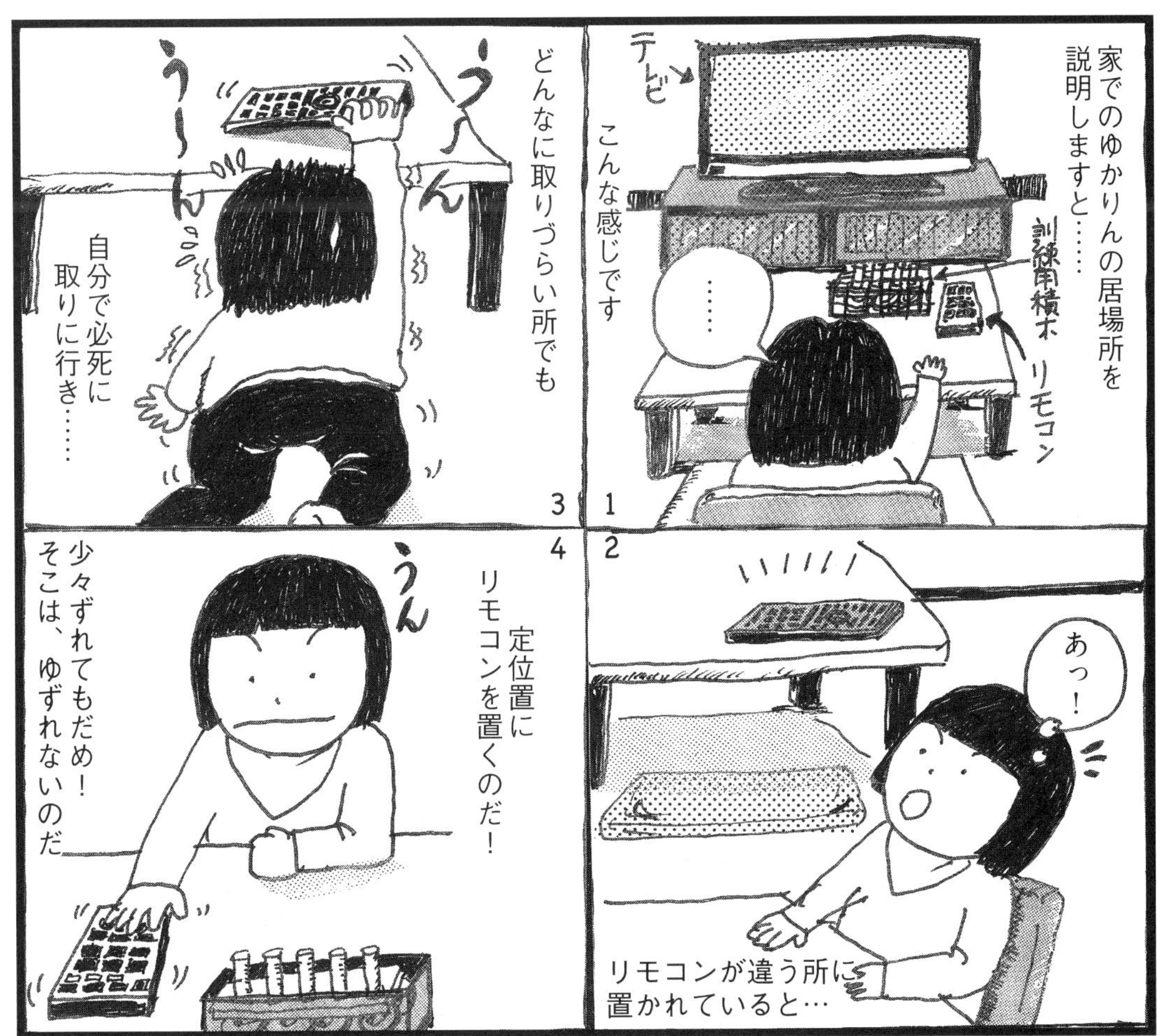
家でのゆかりんの居場所を説明しますと……
テレビ
こんな感じです
……
訓練用積木
リモコン
あっ！
リモコンが違う所に置かれていると…
どんなに取りづらい所でも
うーん
うーん
自分で必死に取りに行き……
定位置にリモコンを置くのだ！
うん
少々ずれてもだめ！そこは、ゆずれないのだ

ゆかりんのいつもいる周りは、ゆかりんの管理下に置かれていま
す。特にテーブルの上の物や事業所に持っていくカバンの位置には
それはそれは厳しいものがあります。

違う場所に置かれていると必ず自分で取りに行きますし、少しで
も場所がずれていると、慎重にゆかりんの決まった位置に置こうと
します。

いつも使うものは定位置に置くことですぐ使えるし場所もわかる
という安心感を生活の中で身に付けていったようです。つまり、彼
女のこの執拗なまでの拘りは、彼女の生活の知恵なのです。

ある時、事業所へ持っていく連絡ノートがソファの上に置いてあ
り、おまけにノートの上には新聞や雑誌が乗っていました。その光
景に気づいたゆかりんはすかさず動き出し、新聞や雑誌を投げ捨て
ノートを取り出し、カバンの上に置いていました。これも生活の知
恵なのか。

私たち夫婦は、「そんなことといいじゃないか」と思いながらも、
ゆかりんの行動を尊重しています。だって、ゆかりんの拘りに私た
ちが拘ったら、負の連鎖が続くばかりです。ゆかりんの大事な生活
の知恵として見守りたいと思います。

ゆかりんのひいじいちゃん

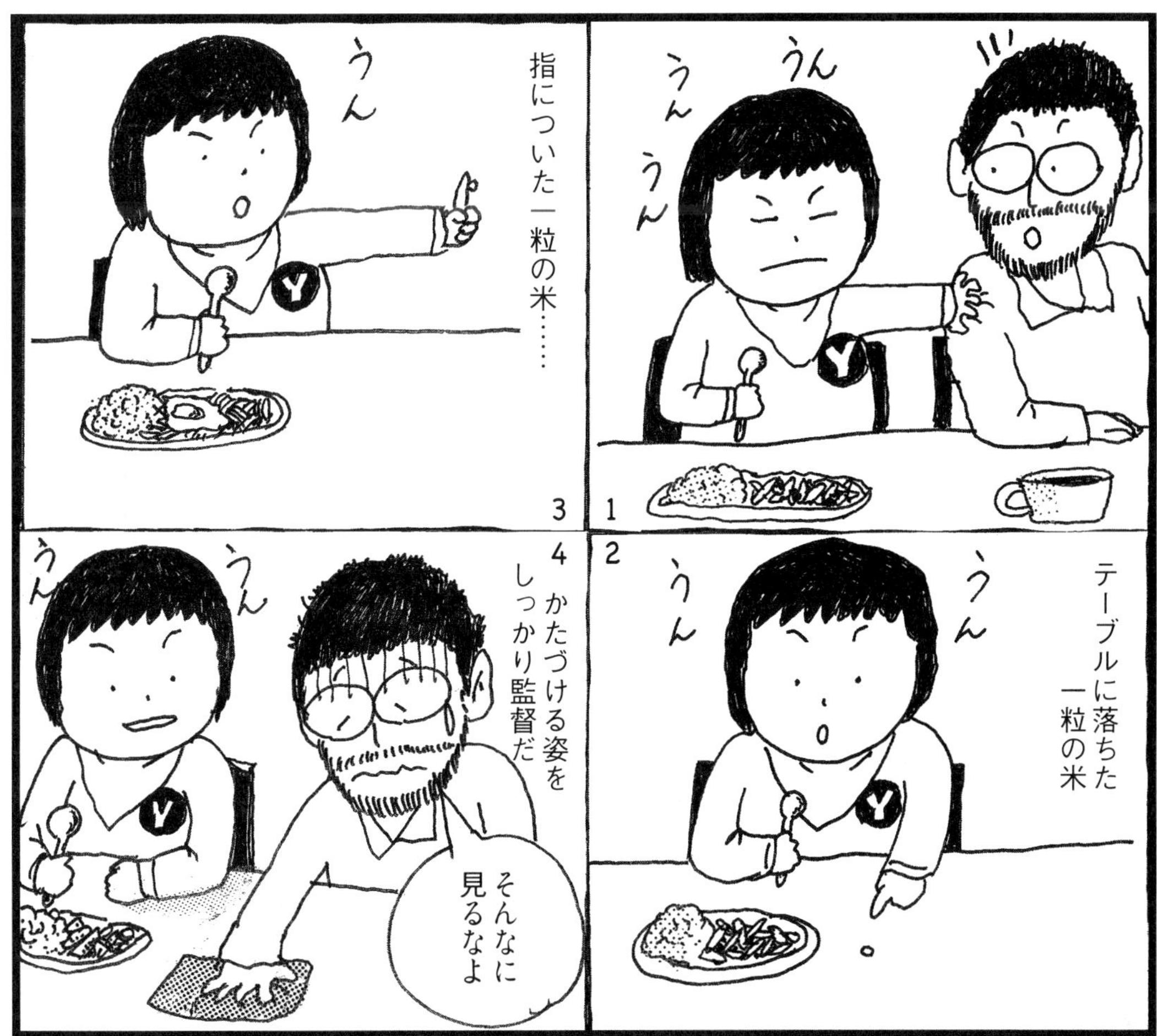

ふと見ると、リモコンと格闘しているゆかりんがいます。テレビのリモコンをテーブルの端ぎりぎりに置こうとしているのです。そのため何度も落としてしまうのですが、彼女はあきらめません。何度も何度も挑戦するのです。

この行為は小さい頃から変わっていません。なんと几帳面な人なのでしょう。

そういえば、ゆかりんの曾祖父も几帳面な人でした。寝床の布団を敷くときも、寸分たがわずに真っすぐにしようとしますし、布団の端と端をきちんと揃えようとしますので、一緒に敷いている祖母が「こんなことまでやらなくても寝ちゃえばぐちゃぐちゃじゃない」とぶつぶつ言っていた姿を思い出します。また、読み終えた新聞紙を一枚一枚正確に畳んで仕舞います。その仕舞い終えた新聞を私が読んで、適当に畳んでおくと、「誰だ、こんな畳み方して」と言いながら、正確に畳み直していました。

ゆかりんが生まれて数か月経った頃、「この子はどうして歩けないだ」と、言葉もなく歩けないゆかりんを心配してくれたゆかりんの曾祖父でした。

ゆかりんルール

1
テーブルに物を置く
場所は決まっている
几帳面？だ
2
ある日せんべいを
食べた
ボリ
ボリ
ボリ
ボリ
3
……
テーブルには
食べカスが…
4
自分の視界から
見えない所に
ばらまいた
バサ
バサ
バサ

このごろのゆかりんは、カフェオレに凝っています。朝起きるとカフェオレを飲みたいと意思表示をしてきますので、妻は、豆から挽いたコーヒーに牛乳を淹れて、ちょっと豪華なカフェオレを作ってあげます。

うまそうに一気に飲み干すと、持っていたカップをテーブルの端ぎりぎりに置こうとします。身体に麻痺があるため細かな動作の力加減がうまくいかないゆかりんです。端に置こうとしているうちにカップをテーブルから落としたり、彼女にとっては大変な作業なのです。

それでも必死に端ぎりぎりを目指し思い通りに置くことができると、満足気に私たちにアピールしてきます。

リモコンの位置も訓練用の積み木の位置もカバンの位置も決まった場所があります。それがゆかりんルールです。彼女の拘りかもしれませんが、それはそれでいいのではないかと思っています。

私たちにも自分ルールがあります。お互いの自分ルールを尊重し合い、折り合いをつけていくことで、みんな安心して生活できるのだと思うのです。

規則正しい生活

ゆかりんは、かあちゃんと寝ている
うっ
寝相は最悪だ
う〜ん
何度も寝返りをするし…
ベットのすみに追いやられるかあちゃんだ
何でこうなるの
ゴロゴロ

朝六時起床、七時には朝食、九時ちょっと過ぎに事業所の送迎車到着、午後四時帰宅、六時ごろ夕食、九時就寝。ゆかりんはほぼこの日課を規則正しく過ごしています。三十歳を過ぎて九時就寝は早過ぎるのではないかと「ゆかりん、もう少し起きていようよ」と提案しましたが、彼女は頑として受け付けませんでした。

翌日が休日であろうが六時には起きるので、「もっと寝ていたい」と思うことしばしばです。

しかし、七年前、近くにワサビ畑のある所に引っ越しましたが、ある時窓を開けると、朝六時前からワサビ畑で仕事をしている人々の姿が目に入りました。「あー、こんなに早くから仕事をしている人がいるんだ。もっと寝ていたいなんて贅沢かも」と思い直しました。

ゆかりんの日課に合わせながら生活をしていますので、私たちも知らず知らずのうちにゆかりん日課になっているのです。夕食はちょっと早いかなと思うのですが、ゆかりんは低血糖のためにこの時間にご飯を食べないと涎を出してふらふら状態になることがあるのでどうしても譲れない時間なのです。

ゆかりんのおかげで規則正しい生活ができていることに感謝しようと思う私たちです。

寝相

1
いいわねー ぐっすり 寝て…
2
翌朝…
……
おはよう
3
あれ？ どうした？
いいわね よく 寝て！
4
かあちゃんの不機嫌に びびるとうちゃん…
何があった？
えっ
えっ
えっ
ブルブル
ブルブル

時々夜中に発作を起こすゆかりんには、そばで寝て見守ることが必要です。気圧の変化や疲れ気味の時などは、なかなか眠れずに座薬を使って眠らせることもあります。

その見守り役をずっと妻が行ってきましたが、なにしろゆかりんの寝相が半端ないのです。ダブルのベッドに寝ていますが、ゆかりんは縦横無尽にベッドを行き来しますので、妻は隅に追いやられます。時には布団を跳ね上げ、うつ伏せで眠ったり（そんな姿勢でよく眠れると思うのですが）しますので、布団をかけ直してやったりと大変なのです。しかし、そんなことはつゆ知らずぐっすりと寝ている私。ですから、朝の妻の不機嫌はここに原因があるようです。

しかし現在は、家猫のルナが高齢化して妻に異様に甘えるようになり、夜中に大声で鳴くようになりました。そこで、妻は今までとは別の部屋に移り、足元にルナの居場所を作った結果、妻もルナも安心して眠るようになりました。

ゆかりんもダブルベッドを独り占めできるようになり、みんな丸く収まっています。

理解することの難しさ

TVのリモコンは
いつもの位置にある
ある夜…
…
何か観たい番組ある？
特にないわ
録画した番組
観てもいい？
いいよ
あい！
すごい…
えっ

夜中に起きてしまうことが続く日々。「何で起きてしまうのだろう」毎日続く中で、妻も私も寝不足でイライラ気味になっており、しっかり眠らないゆかりんに対して「ちゃんと寝なさい」と叱っていたのでした。

ゆかりんが三十歳の時のことです。毎朝の検温で微熱があり、通院をすると風邪ではないかと風邪薬を処方してもらいました。しかし、微熱は続き血液検査をした結果、胆嚢炎が見つかり、そのまま緊急手術となりました。ゆかりんの病状に気づいてやれなかったことに妻は泣き、私たちは悔しさと後悔でいっぱいになりました。

四時間という長い手術でしたが無事終わり、執刀医がゆかりんの胆嚢を持ってやってきました。その場で、胆嚢を開くと大きな胆石が出てきました。執刀医は「こんなに大きな胆石は私が手術した中で二番目の大きさです」とびっくりしていました。

自分の気持ちや痛さを表すことが難しいゆかりんですが、夜中に起きることで、痛みを訴えていたのでしょう。

いつもと違う行動から、どうしてゆかりんの気持ちを汲み取れなかったのか。ゆかりんはきっと苦しかったのだろうと思うと、まだまだ彼女のことが分かっていない自分が情けなくなりました。

「わかってるんだよ」

1
なかなか言語のないゆかりん…大人になった今でも言語はないのだが
この子はしゃべれるようになるのかしら？
どうかナ どう なるんだろう
2
5歳頃のある日何げなく紙くずをゴミ箱に捨てるよう頼んでみた……
すててくれる？
この指示は難しいと思っていたが…
3
スンナリとゴミを捨てた
ポイ
えっ！
4
しゃべることはできなくても自分の生活に関わる言葉を理解していた
すごい！

なにげなく「これをごみ箱に捨ててくれる?」と紙くずを渡すと、すんなりとごみ箱に捨てる五歳のゆかりんにびっくりしました。「ごみ箱」と「捨てる」という言葉を結び付けて理解することは結構ハードルが高い理解力なのですが彼女は難なくクリアーしてしまいました。

言葉のないゆかりんですが、これまで「こっちにおいで」「ご飯食べるよ」「おむつ替えようね」など日常生活の中で普通に話している言葉を理解して行動していましたが、自分でやったことがなくても、毎日の生活の中で見たり聞いたりしていることを覚えていったようです。

絵カードで物の名前を質問してみると、かなりの物が分かっていました。言葉を発せなくても、言葉を理解していることがわかりました。

それ以来、「新聞取ってよ」「リモコン取ってよ」「ティッシュ取ってよ」などなどゆかりんにお願いすることが多くなりました。ゆかりんも仕事をやり遂げたと自慢げな表情をみせ、満足そうです。こんな小さなことの積み重ねが彼女の自信や意欲になっているのです。

相手を思いやる会話

1
両手を上げるポーズは「みんなと何かをやった」というサインだが…
あ〜い！
この「何か」が曲者だ…
2
みんなと遊んできたんだね……
あい……
あい……
うん
うん
急に声が小さくなるが…
3
アピールは続くのだ
「何か」がちがうのか
「何か」とはなんだ？
あい！
あい！
あい！
あい！
えっ
なに？
4
あーい！
散歩したんだ！
そうだ！
ゆかりんの
サインを適当に
あしらってはならないのだ
彼女にとっては、大切な会話なのだから

妻が買い物から帰ってくるなり私に、「ねえ、洗濯物干してくれたの」と聞きました。「あっ」「洗濯機が止まったら干してねって言ったよねえ」「そんなこと言ったっけ」「出かける前に言ったじゃない」「そうだっけ」と言いながら、不穏な雰囲気になってきたので、そそくさと洗濯物を干しに立ち上がる私でした。

料理が好きな私は夕食の準備をします。ある日、「今夜は、鮭があるから焼き魚にするね」「あー。いいよ」

ところが、その夜、私は肉を焼いていました。「何やってるのよ。今日は魚だって言ったじゃない」「あっ。そうだっけ」またまた出ました「そうだっけ」。

「人の話を適当に聞いているんでしょう」と妻のきつい一言です。

しかし、ゆかりんの話は適当に聞いてはいられません。毎日、事業所から帰ると、その日の出来事を話してくれますが、新聞などを読みながら適当に聞こうものなら、「話を聞け」とばかりに、力いっぱい服を引っ張ってきます。腕力があるので、油断しているとそのまま押し倒されることもあります。ですから、彼女が話す時にはこちらも真剣に聞かなければなりません。

ゆかりんの出すサイン一つひとつに「仕事やったんたね、ご飯食べたんだね」と私も必死に言葉で返していくのですが、彼女の思いと違う言葉が返ってくると、首を大きく振りながら、何度も何度も同じサインを繰り返し「うん、うん」と迫ってきますので、私も「何があったんだろう」と思いを巡らせます。

数少ないサインで思いを伝えるということは大変なことです。かなりの内言語を持っているゆかりんですので、うまく伝わらないともどかしさを感じているのでしょう。だから、聞き手がしっかりと受け止めて答えなくては会話が成立しないのです。

ある時、知人が来てゆかりんと話をしていました。彼女は頭に手をあてて「頭を洗ったよ」と言っているのですが、知人は「髪の毛切ったの？　きれいね」と全く別の話をしているようでした。しかし、いつも私たちに対してするようなしつこさはなく、それ以上答えを要求せずに話をしているのです。「社交辞令ができるんだ」 まさに、知人の話を適当に聞いてあげているゆかりんでした。

高いコミュニケーション力

ゆかりんのコミュニケーション力には頭が下がります。

ゆかりんは、月曜日はA事業所、火曜日・水曜日・金曜日はY事業所、木曜日・土曜日はH事業所と三か所の事業所を利用しています。

事業所の職員から、「三か所の事業所を混乱もせずに、楽しく利用しているね」と言われるほど、使いこなしています。私でも毎日同じ職場で働くから、安定して落ち着いて生活できると思うのですが、ゆかりんは、それぞれの事業所の職員や利用者さんたちと、上手に関係を作っているのです。

自分をあまり主張せず、その場の状況に合わせて行動し、家では見られないゆかりんが各事業所にいるのでしょうか。

ゆかりんは、もともと人が大好きです。大人数の中にいることをむしろ楽しむことができます。よく考えてみると、ゆかりんが小さい頃から、我が家は親せきがよく集まる家でしたので、それが彼女の素地になっているのでしょうか。

人を思いやる気持ち

1
ひとりで菓子を食べまくる
ボリ
ボリ
ボリ
ボリ
あっ
2
もっとゆっくり食べなさい！
あっ
いい？
3
叱られて、そっぽを向くが…
プイ
食べてもいいんだよ
食べないの
4
しばらくして…
あい
もう
悪いと思ったのか…

ゆかりんは、日常生活のほとんどを人から手助けしてもらっています。ですから、私たちは、ゆかりんに「ありがとう」のサイン（手のひらを合わせて、頭を下げる）を教えてきました。

ゆかりんは人から与えられても人に与えることは難しいだろうと思っていましたが、それは大きな間違いでした。

日常生活の中で、ゆかりんは様々な場面で、人を思いやって生活していました。

ゆかりんの近くでテレビ番組の話をしているとリモコンを持ってきてくれたり、お菓子を食べていると近くにいる妻や私にお菓子を分けてくれたり、洗濯物を畳んでいると洗濯物を手渡してくれます。また、毎日のおむつ替えでは、お尻をちょっと上げてくれます。そうすることで、介助する人が楽におむつ替えができるのです。

普段の生活の中でなにげなく気を使ってくれるゆかりんの精いっぱいの思いやりをありがたく受け取っている毎日です。

自律する

1
早起きしたが
なかなか食べない
2
名前を呼んでも
ムス
返事もしない…時間だけが過ぎて
3
早く食べなさい
カッチーン
4
ガッチャーー!
こんな日もあるさ

誰でも不機嫌になったり、いじけたりする時があります。ゆかりんは比較的、穏やかでいつもニコニコしているイメージがあり、事業所では決して怒ったり、いじけたりすることがありませんので、職員に「昨日は、怒って食器をばら撒いたんです」と話すと、「えっ、ゆかりさんがそんなことするんですか！」とびっくりされます。

ゆかりんは、家庭と事業所をきちんと区別して対応しており、家庭では自分の気持ちを開放しているのです。それは私たちにとってとてもうれしいことで、家庭が一番リラックスできる場だということでしょう。

家族だからこそ思ったことを言い合い、最後には折り合いをつけることができるのだと思います。

ゆかりんが不機嫌になるのは、比較的食べる場面が多いようです。特に、お腹がすきすぎ、がっついて食べて咽せた時に、「もっとゆっくり食べなさい」と言われて爆発するパターンです。食べることが大好きなゆかりんですので、その場面で注意されると、「カチン」と頭にきてしまうのでしょう。

ひと騒動起こした後は、しばらく誰とも顔を合わせようとしませんが、そのうちみんなのほうを見て、自分からアピールしてきます。「こんなことしちゃだめだね」と言うと、「うん。うん」と大きくうなづいて反省しています。

そのしぐさが愛らしくて私たち夫婦は、「しょうがないなー」とすぐ許してしまうのです。

ゆかりんが八歳、ちょうど入所施設から自宅に帰って一年経った時でした。ゆかりんが生活しやすいように風呂や台所周辺の改築を行いました。風呂や台所は毎日使う場所ですので、とても不便でした。完成するまでと家族みんなで我慢の日々でしたが、ある時とうとう祖父と私が些細なことで言い合いになりました。

これまでになかった大声での怒鳴り合いに、「これはただごとではない」と思った三女が二人の間に入り、「おじいちゃんをいじめないで」と言いました。

その一言で、我に返った私と祖父は、言い合いを止めました。祖父は三女に「ありがとね」と優しく穏やかな顔でいいました。

今でも、あの時のことを思い出しますが、何でイライラが爆発したのかがわかりません。それだけたわいもないことだったのでしょう。

ゆかりんだって、不機嫌な時もあります。でも、場所や人との関係を考えて自分の中でうまくコントロールしているのだと思います。それができるから、誰とでもいい関係を作れるのでしょう。

朝から不機嫌だ
パジャマのまま何もしない
ブスッ
ムッ
もう
どうしたの
行く時間に
なるよ！
今日は
休むの？
ハッ
あわてて動き出す
ゆかりんだ

日曜の夜

かあちゃんが帽子を買ってくれた
ムフッ
お気に入りだ
YUKA
ところが…
うーん
胃腸炎でしばらくお休みとなった
感染が強く治っても
ふーっ
休みは続いた
早く事業所へ行きたくて、ずっと
帽子を抱きかかえるゆかりんだ
ギュッ

「明日は仕事か」となんとなく暗い気持ちになる日曜日の夜です。私が小学生の頃は日曜日の夜七時三十分の「素晴らしい世界旅行」（知ってるかなー）の番組が始まると、「明日からまた学校が始まる……」だんだん憂鬱な気持ちになり、番組終わりの「♪この木何の木、気になる木……♪」の曲がかかってくると、ますます気持ちが沈んでくるのでした。

近年では、「サザエさん症候群」と言って、サザエさんが始まると明日のことを考えて憂鬱になり、体調不良などを起こしてしまう人もいるようです。

しかし、ゆかりんにはそのようなことは全くあてはまりません。ゆかりんの日曜日の夜は、「ちびまる子ちゃん」「サザエさん」を楽しそうに観てから、すでに準備したカバンを指さし、「明日は、仕事をやって、ご飯を食べて、みんなと仲良く頑張る」とジェスチャーのサインを交えながら何度も話をしています。

それを聞いている私たちは、ほとほと疲れてしまうのですが、それだけ明日を楽しみにしているゆかりんの前向きな姿にまたまた励まされています。

雨にも負けず

1
ゆかりんは三つの事業所へ通っている
2
雨の日だって
3
風の日だって
4
がんばれ
いってらっしゃい
あい！
行く気満々だ

ゆかりんの姿を見ていると、宮沢賢治の詩を思い浮かべるのです。

雨にも負けず
風にも負けず
雪にも夏の暑さにも負けぬ
丈夫なからだを持ち
欲は無く
決して怒らず
何時も静かに笑っている

雨の日も風の日も雪の日もゆかりんは元気に事業所へ通います。「今日は行く気がしない。行きたくない」と思ったことはないのでしょうか。

ゆかりんにとっては、事業所へ行って、仲間たちと触れ合うことが最高の楽しみなのでしょう。

ハンディキャップを持って生まれたゆかりんが、どんなに苦しく困難なことがあっても前向きに生きていこうとする姿に私たちは教えられます。

「今を精いっぱい生きろ」と。

爺のこと1

ゆかりんが1歳・2歳の頃は
ゆかりんを背負って
散歩に
連れ出してくれたじじ
ゆかりんが3歳・4歳の頃は
三女を背負って
散歩に
連れ出してくれたじじ
ゆかりんが車イスで移動する
ようになると
車イスを押して
買い物に出かけるようになったじじ
そしてゆかりんは
「おねだり」を覚えた…
えっ
うん
うん
ちびまる子ちゃんの
「友蔵さん」と化して
なんでも買ってやる
やさしいじじだ

私の父（爺）は、十六歳で志願兵として戦地に赴きました。叔父叔母の話では、終戦を迎え帰ってきた頃は、とても怖い兄だったということでしたが、私の知っている父はとても穏やかな口数の少ない人で、自分の考えをあまり言わない人でした。

私が中学生になると爺との会話が途絶えていき、お互いの気持ちを伝え合うことがないままに時が過ぎていきました。

母が五十一歳で他界し、そのころ家族を持った私は実家に入りました。こつこつと仕事をし定年退職を迎えた爺でしたが、これといった趣味もなくほとんど家で過ごしており、唯一孫を溺愛することが生きがいでした。

ゆかりんが生まれ、障がいがあることがわかると、ますます孫の面倒を見るようになり、三女が生まれると三人まとめて散歩に連れ出していました。自分の気持ちを言葉で表さない爺でしたが「嫁が大変だから自分が協力する」という気持ちを行動で示していたようです。

ゆかりんの訓練の日は三女の面倒をよく見てくれ、私たち夫婦にとってはとてもありがたいことでしたが、四六時中孫にべったりな爺には苦笑いせずにはいられませんでした。しかし爺にとってはこれが最高の幸せだったのでしょう。

三人の孫が学生となり、妻も仕事を始めると、爺一人になる生活が続きました。そんなある日、私と妻が子猫を連れて帰宅しました。爺は猫が庭に来ると水を撒いて追い返すほど猫嫌いだということはわかっていましたが、半ば強引に飼うことを決めてしまいました。これまで飼っていた犬が亡くなり寂しい思いをしていた三人の孫はとても喜び子猫をかわいがっていましたので、文句も言えず仕方なく受け入れた爺でした。

ところが日中は一人で過ごす爺ですので、自然と猫と触れ合う時間が多くなり、猫の毛づくろいをしてやったり、猫草を育てたりと、いつの間にか猫好きになっていました。

ゆかりんが帰宅する四時以降は二人で過ごす毎日でした。四時からは「水戸黄門」が始まりますので、爺はテレビを見ます。ゆかりんもおやつを食べながら一緒に見るようになり、今でも必ず「水戸黄門」を見ています。

日曜日の夕方のテレビ番組も決まっており、「笑点」「ちびまる子ちゃん」「サザエさん」と続きます。違う番組が流れているとすかさずチャンネルを変えてあげる爺でしたので、すっかりゆかりんの日課となって定着しています。

ある日玉のれんがこわれた
おー
玉のれんが
バラバラじゃ！
えらい
ことだ！
1
2
おっ！
こんな
ところにも
あったぞ！
3
ゆかりんおむつ替え中…
あっ！
4
おじいちゃん
それは…
………
とったぞー
！
孫のうんちも
つまむじじ

爺のこと2

1
学校から帰ると、さっそく手先の訓練だ。じじは見守り
じじもやりたいなー！
2
しばらくすると
じじはウトウト……
ZZZ
……
3
じじを起こして「訓練をやれ」と言うゆかりん
うん
うん
うん
うん
えっ
4
いつの間にかじじの訓練に…
うかつな言葉は発せない
なんで……
わしが……

家族が出かけた後の爺の生活はよくわかりませんでしたが、掃除や洗濯物の取り込みは必ずやり終えてくれていました。また近くのスーパーへこまめに通い、自分の好物はもちろんですが、ゆかりんのためのおやつをストックしてくれていました。

ゆかりんが帰って来ると、おやつを準備して一緒に食べるのが日課でした。爺の楽しみの一つだったのでしょう。

爺はゆかりんの世話をしていることに生きがいや楽しみを感じていましたが、爺が年齢を重ねてくると、どうもゆかりんが爺の相手をしてあげているように見えてきました。

ゆかりんが訓練用の積み木を行っている間は、爺はテレビを見ていましたが、そのうちにうとうとし始め、首をカックンカックンさせて眠ることが多くなってきました。それを横目で見たゆかりんはすかさず爺を起こします。ごみが落ちていると、爺に「うん」と言いながらごみを指さし、「拾え」と指図しています。「おやつが欲しい」「テーブルを拭け」「テレビをつけろ」などなどゆかりんは「指さし」で爺に命令しています。

しかし、「俺がやるのか」と言いながらも終始にこにこしながらゆかりんの要求を受け入れている爺でした。

爺のこと3

1
ゆかりんは家に帰ると
2
一目散にじじの部屋に
3
そして「食べる」のサインだ
おーおー
わかったわかった
あい!
あい!
あい!
4
じじのおやつを食べ尽くす
あ～
わしの楽しみが……
ガツモグ
ガツモグ
ガツ
ガツ
モグ
モグ
ガツ
ガツ

爺と私は、なかなか本音で語り合うことができませんでした。それなのに、ゆかりんの障がいが分かってからも、彼女に愛情を注いでくれた爺でした。

また、私は三十七歳で人工透析を始め、仕事場からそのまま病院へ行っていました。週3日の透析日はほぼ一日家には居ませんでした。その頃は子どもたちはまだ小学生でしたので、妻と一緒に孫の世話をしたり家庭のことをこなしてくれていました。

そんな爺に対して、私はついに感謝の言葉も言えませんでした。口数の少ない爺は、いつも行動で気持ちを示してくれていたのに、私はそれに甘えたままでした。

爺は身体が丈夫な人で、よく歩いて買い物や通院をこなしていましたが、八十歳を過ぎると、それも大変になってきたようでした。泣き言や弱音を全く吐かなかった爺ですので、私たちには気づかれないように自分の中だけで抱えていたようです。

ある時爺がこれまで通っていた病院を変えることになり、私が付き添っていく機会がありました。そこで主治医にこれまでの検査結果を見せられ、かなり身体が弱っていることがわかりました。私は愕然とし、それからは通院に付き添うようにしました。

しかし、身体がしんどくなってきてもゆかりんに対する関わり方はこれまでと変わりありませんでした。

身の回りのことも自分ですべてやっていましたので、私たちも安心して見守っていました。ところがある日、入浴をした爺がなかなか出てこないので見に行くと、椅子にずっと座っている姿がありました。「疲れた」と一言。詳しく聞いて見ると、「風呂に浸かりたいけれどできなかった」と体のしんどさを我慢して一人でシャワーだけで入浴を済ませていたことが分かりました。

障がいのあるゆかりんを抱え、さらに自分の息子が人工透析をやっている家庭で、爺自身が迷惑を掛けたくなかったのでしょう。入浴時に爺の細くなった身体を抱えながら、「申し訳ない」と心の中でつぶやきました。

家族に対して自分のすべてを注いでくれた爺も今はもういません。きっと生涯愛した妻と天国で穏やかに暮らしていることでしょう。

爺が亡くなってからしばらくの間、ゆかりんは帰って来ると爺の部屋に行っていました。今では「爺はどこにいるの」と聞くと、仏壇を指すようになりました。

1
学校から帰ると
ちょうど「水戸黄門」……
助さんや
格さんや
2
日曜日の夕方は「笑点」からの
「ちびまるこちゃん」「サザエさん」と続く
チャンチャカ
チャカチャカ
チャン
チャン
3
ちがう番組が映っていると
すかさずじじが変えてくれる
おっ！
はじまるぞ
4
大人になった今でも
この番組は絶対だ
となりに
じじはいないけど……
まる子や～

家猫「ルナ」1

家には「ルナ」という
猫がいる
力強くなでまわす
よだれもたらす
時々ひっかかれても
あっ
フニャ
それでも
しつこく追いまわす
ニャー
あ〜!
「ルナ」が好きだから

ゆかりんが三歳の頃、犬「メリー」を飼い始めました。犬に触れることが初めてのゆかりんは、こわごわと触っていましたが、慣れてくると、ごしごしと力強く撫でまわしていました。それ以来、動物が大好きになりましたが、外で飼っていたため、メリーが大きくなるにつれて、触れ合う機会が減っていきました。それでも、学校から帰ってくるとメリーは車いすのゆかりんに飛びついていき、ゆかりんも嬉しそうに声を上げて喜んでいましたが、彼女が十三歳の時にメリーは亡くなりました。メリーがいなくなったことは家族にとってショックがとても大きく、「動物は二度と飼いたくない」と思っていました。

それから三年後、たまたまドライブで立ち寄った道の駅で「子猫をもらってください」という張り紙に誘われるままに行くと、すかさず子猫を渡されました。その愛らしさに子猫を手離すことができず「家で飼おう」と決めました。

子どもたちはみんな喜んでルナの世話を始めました。ゆかりんは、家の中を歩き回るルナを嬉しそうに追いかけていました。

ルナとの生活が始まると、だんだんルナの性格がわかってきました。かなり神経質で臆病者のようで、家族以外の人が来ると、途端に姿を隠して決して出てこようとしませんし、部屋の模様替えをしたり、新しい物を持ち込むと、しばらくは決して近寄りませんでした。

そんなルナですから、逆撫でしたり涎を垂らすゆかりんの撫でまわしは、相当嫌だったようで、彼女がルナに触ろうものなら、「ウンギャー」と声を上げて手をひっかくようになりました。そんなことをされても全くめげないゆかりんは、執拗にルナに関わっていくのです。

ですからルナもおちおちと寝ているわけにはいきません。ゆかりんは、ルナを見つけるとすぐに近寄って行き力強く撫でまわすので、パッと逃げていきます。逃げるとどこまでも追いかけて来るので、ゆかりんが決して来られない場所に逃げ込んでいき、「どうだ。ここまで来てみろよ」とでも言うようにゆかりんを見下ろしています。

ゆかりんは、ルナが大好きなのですが、ルナは警戒しており、この関係は微妙なのです。

家猫「ルナ」2

せんべいにがっつき
咳込んだ…
ゴボ
ゴホ
ゴホ
よくかんで!
よくかんで!
ゆっくり食べるの!!
わかったの!
かあちゃんに叱られて……
ゴホ ゴホ
……
せんべいも取り上げられて……
ルナに救いを求めに行くのだが…
フシャ

「寝不足だわ、もっと寝たい。何度起こされたことか」と朝から不機嫌な妻がいます。妻がルナと一緒に寝るようになってからのことです。

ルナも今年で十九歳になりました。人間でいうと八十歳ぐらいでしょうか。年寄りになったせいか最近家族に異様に甘えるようになりました。無視していると「オンギャー」と大きな声で鳴きながら「撫でてくれ」と要求してきます。特に、夜にその行動が多く、夜中の鳴き声にゆかりんも目が覚めてしまう時が続いたのです。

歳を取ったルナも、神経質な性格がやわらぎ、最近では来客があっても、普通に顔を見せるようになり、「あれ、こんな猫が居たんだ」「ようやく姿を見たわ」などと言われています。

しかし、如何せん高齢なため、ルナは昼夜問わず、よく眠るようになりました。また夏場は食欲がなくなり、病院通いも始まり、薬も飲むようになりました。

ルナが歳を取って得をしているのがゆかりんです。これまで妻とゆかりんが二人で寝ていたダブルベッドには彼女が一人で寝るようになり、解放されたように体を自由に動かしてぐっすりと眠っています。

働くこと

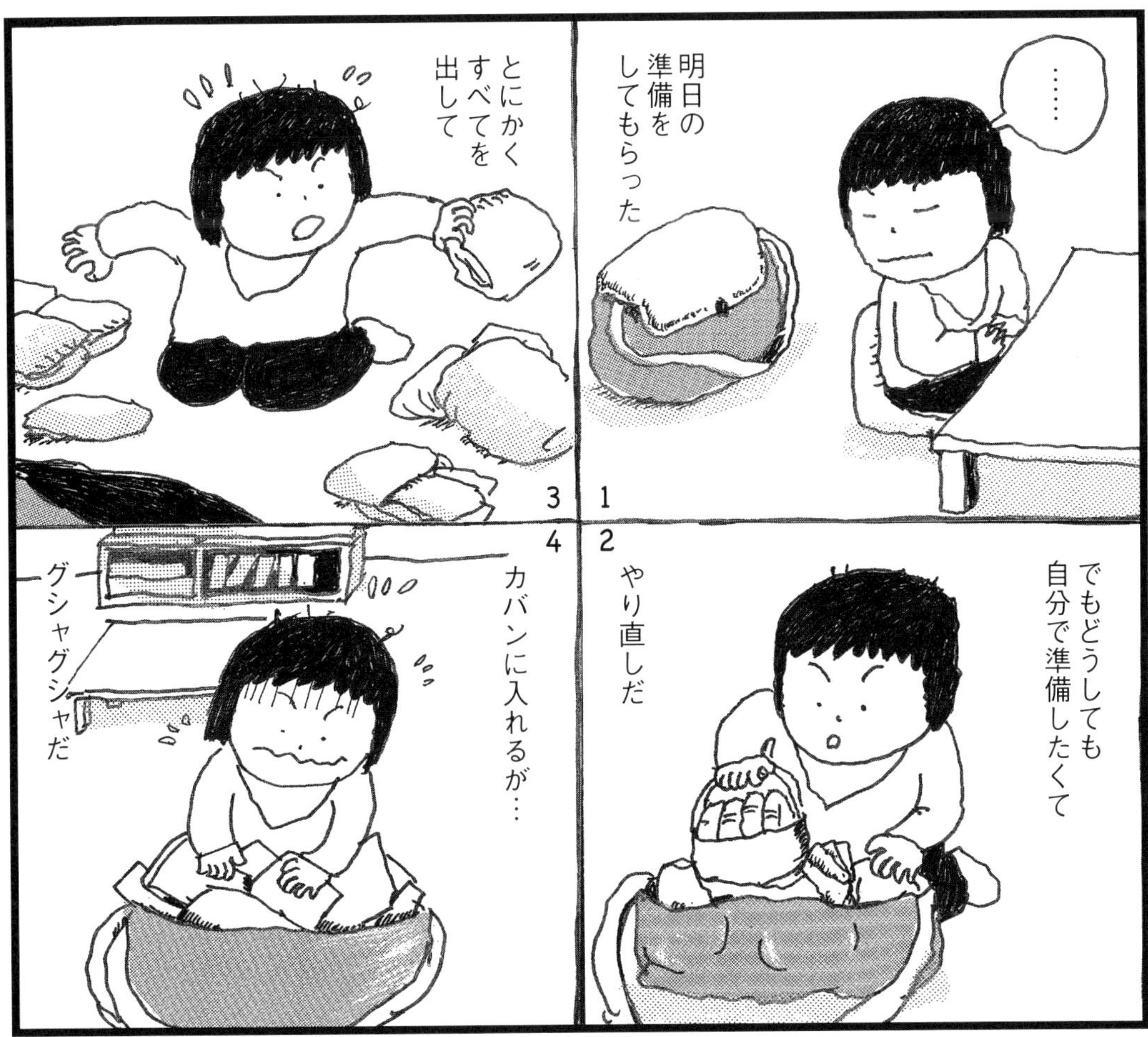

1
……
明日の準備をしてもらった
2
でもどうしても自分で準備したくて
やり直しだ
3
とにかくすべてを出して
4
カバンに入れるが…
グシャグシャだ

平成二十五年から「障害者総合支援法」が施行されました。この中の障がい福祉サービスは、大きく介護と訓練等に分けられ、障がいが軽い人は「就労」とつくサービスを利用し、障がいの重い人は「介護」とつくサービスを利用するようになりました。

「就労」系は働いた分の給与がもらえますが、「介護」系は自分のための訓練や創作活動をしていますので給与はもらえません。つまり、障がいの重い人の働く場がなくなるということなのです。

ゆかりんは、生活のすべてにおいて介助を必要とするので、生活介護サービスを受けていますが、何事にもやる気満々で、彼女のできることは一生懸命取り組みます。

ありがたいことに、現在通っている事業所では、「どんなに障がいが重い人でも働くことができる」との考えから、その人のできることから仕事を作り出してくれます。

月末には、千円にも満たない時もありますが給与をもらってきます。

ゆかりんは、その給与を自慢気に見せ、私たちに、お菓子を買ってあげるだの車を買ってあげるなどという意思表示をし、とても喜んでいます。そして、そのことが彼女の生きがいやりがいにつながっているのです。

では、ゆかりんよりももっと障がいの重い寝たきりで医療的ケアが常時必要な人は、働くことができないのでしょうか。

「働く」ことを、「自分のできることを精一杯行い自己実現すること」ととらえると、障がいの重い人が音のするほうに目を動かす、好きな物を見ると手に力が入る、自分の持てる力を使って気持ちを表すなど一生懸命「生きること」そのものが自己実現なのです。そしてその姿を見た人々が勇気と活力をもらったならば、それは「働く」ことになるのではないでしょうか。

障がいの軽重で「働く人」「働けない、働かなくてもいい人」に区別することには、どうも納得がいきません。

子どもが生まれた時、健康な子であってほしいとただただ願っていましたが、大きくなるにつれて勉強ができるか、他の子たちと比べてどうかなどなど、望みはだんだんと膨らんでいきます。それは親として仕方のないことですが、それは同時に人と人を区別していくことにつながることを親はいつも心にとどめておく必要があると思います。

人はそれぞれ決して他人と比べることはできない個性を持っているのですから。

1
あっ！もうこんな時間だ
もうすぐ出かけなきゃ
今日は忙しいね…
2
ゆかりんを預かってくれるところがあって助かるね
ほんと！
3
あい！
あい！
あい！
「仕事がんばる」のサインをさかんに出すゆかりん
4
そうだ！そうだ！
そうだよね
ゆかりんにとっては働く場所なのだ

バリアフリー

1
ある日の休日
ゆかりんを連れて外出だ
立体駐車場2F
身障者用スペースに止めた
2
1234567
ここは2F
下へ降りようと待っていると
3
満員で乗れず…
上りも下りも満員だ
えっ！
いっぱい！
えっ
4
待てども待てども満員
車イスが乗るスペースはなかった…
ハー
ハー

最近では、スロープや段差の解消、身障者用駐車場などバリアフリーの整備が少しずつ整ってきていますので、車いすでの外出も割と気軽にできるようになってきました。

しかし、外出してみると思わぬ落とし穴がたくさんあることに気づきます。

まずは、段差です。車いすはほんの少しの段差でもつまずくため、介助者が気づかず操作すると乗っている人はガックンと体が前後に揺られてしまいます。歩道の窪みやブロックのずれなど意外とつまずく場面が多くあります。身障者用駐車場も大きめに幅を取ってありますが、車がスライド式のドアならば車いすの乗降は可能でも、前後に開くドアの場合は窮屈で隣に車が止まっていると車いすの乗降が難しくなってしまう場合もあります。

食堂へ入ると、車いす専用のテーブルはほとんどありません。椅子を除けばテーブルに車いすごと入れる所はいいのですが、テーブルの高さが不足して車いすが入れない時は、通路からはみ出して座るようになり、他の客にちょっと不便を強いてしまうことに気が引けてしまう時があります。

三十年ほど前に上野動物園にパンダを見に行った時も障がい者用通路に案内されましたが、それが一般客の前で、確かにパンダを目の前で見られる位置ではありましたが、自分たちが腰をかがめないと後ろの一般客が見えづらくなるのではないかと気になり、ゆっくりパンダを見る余裕がなくあわただしく通り過ぎた記憶があります。

バリアフリーは、障がいのある人が普通の生活をしていくためのものなので、障がい者自身や介助者も他人を気にする必要はないのですが、私はどうしても他人のことを気にしてしまいます。

きっぱりと割り切ってバリアフリーを使えないのは障がいのある人の不自由さをわからない人々が多く、すべての人が社会的に弱い人に対して自然に手を差し伸べる社会にはなっていないからだろうと思うのです。

障がい児者の生活の不自由さや差別のない社会のためにもっともっと、障がい児者の現状を多くの人々に知ってもらい、現状を変えていくことが必要です。

1
施設入所から１年で
ゆかりんは、我が家に
帰ってきた
2
家に帰って一番の発見は、１年間で
車イス操作が上達していたことだ
クルリ
3
姉妹と遊んだりケンカしたり
自分の意思を十分に出すことが
できる家は最高だ
4
小２からゆかりんは
地元の養護学校へ
通うことになった

私の人生を賭ける目標を示してくれたのはゆかりんです。

幼稚園入園、就学、高等部入学、高等部卒業後の進路。ゆかりんの成長の節目に出会う大きな壁。本来ならば、家族で祝うおめでたい節目ですが、障がいがあることでなぜ悩まなければならないのか、普通に入学ができないのか、当たり前のことを当たり前にできたらいいのにと思いながら、行政と話し合ったり、署名活動をして節目節目に立ちはだかる壁を乗り越えてきました。

分厚い壁を乗り越えられたのは、私たちの力だけではなく、同じ悩みを持つ親や関係者、教職員の協力があったればこそでした。私自身もまさか町や県の行政とやり取りするなんて思ってもみませんでしたので、始めは訴える声が震えて、頭の中が真っ白になり、自分の思いを十分に伝えることができずにいました。それでも、何度も話し合いを重ねる中で堂々と思いを伝えることができるようになってきました。

ゆかりんがいたからこそ、私は障がい児者の現状を知り、障がい児教育や障がい者運動に携わることができたのです。

地域で生きる

朝の散歩
散歩いいね！
おはようございます
おはようございます
あら散歩？
気をつけてね
外に出るといろいろな人と話ができる

障がいのある人々が、いやすべての人が地域の中で生活していくということは、まずその人を知ってもらうことから始まるのではないでしょうか。言葉を交わし少しずつお互いを知ることから始まるのです。

私は、天気のいい日はゆかりんと散歩に出かけています。散歩で出会う人たちは必ず挨拶を交わしてくれます。中には、好奇の目で見ていく人もいますが、私は「私の娘は車いすに乗っていますがみなさんと同じですよ」と心の中でつぶやき、できるだけ自分から挨拶をするようにしています。

特に障がいのある人は日々を家や事業所だけで過ごすことが多いのではないかと思われます。ですからその人を知る人は家族や施設職員など狭い範囲に限られてしまうのです。

でも、家族も含め外出ができるための支援体制が充実すれば、気軽に出かけられ、たくさんの人々と触れ合う機会が増え、「この町で暮らしていること」を知ってもらえるのではないかと思うのです。

親も歳をとる

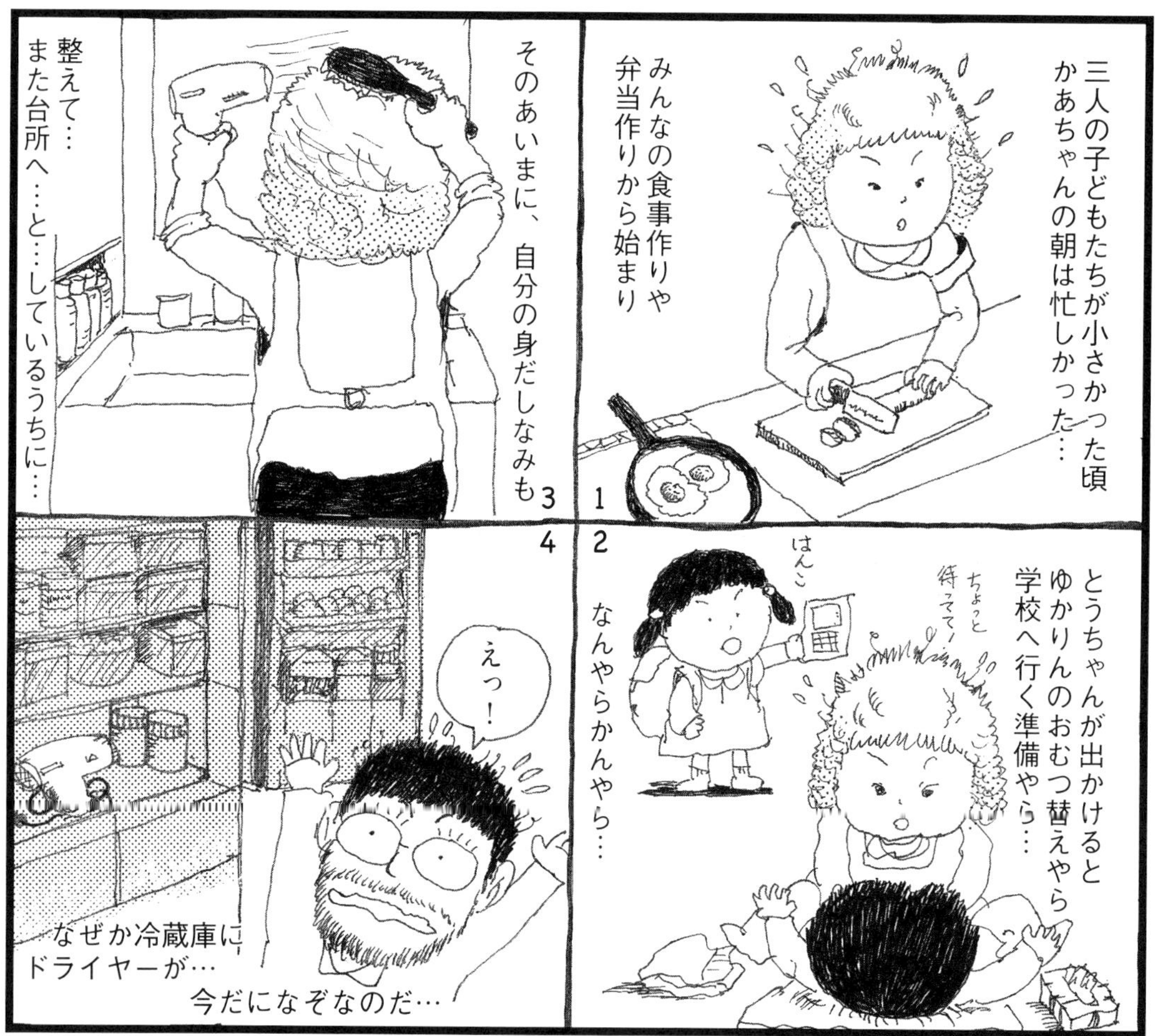
1
三人の子どもたちが小さかった頃
かあちゃんの朝は忙しかった…
みんなの食事作りや
弁当作りから始まり
2
とうちゃんが出かけると
ゆかりんのおむつ替えやら
学校へ行く準備やら…
はんこ
ちょっと待ってて!
なんやらかんやら…
3
そのあいまに、自分の身だしなみも
整えて…
また台所へ…と…しているうちに…
4
えっ!
なぜか冷蔵庫に
ドライヤーが…
今だになぞなのだ…

生きていればいろいろなことが起こります。ゆかりんが生まれてから、というより生まれたその時から大きな壁にぶち当たってきました。ゆかりんが成長するたびに次々と壁は立ちはだかり、その都度その壁をぶち壊してきました。ゆかりんの入園、就学、障がい者施設建設の運動、特別支援学校高等部への入学運動、障がいの重い子どもの卒業後の保障等々、私たちもまだ若くこれからの子どもたちや自分の夢など将来のことに期待しながら、困難なことにも元気に乗り越えてきました。

がむしゃらに生きてきてふっと気が付くとゆかりんも三十代半ばになっていました。同時に親も歳をとるのです。自分では、まだまだ若いつもりでいたのですが、身体が悲鳴を上げていました。

でも、ここにも新たな壁が存在していました。ゆかりんの将来の姿です。親亡き後のゆかりんの生活をどうする、という重い課題が残されています。施設入所か、障がいの重い人たちが生活できるホームづくりをもう一度頑張るか、まだ答えは出ていませんが、ゆかりんが今後安心して生活できる筋道をつくらなければなりません。

とうちゃんの病気

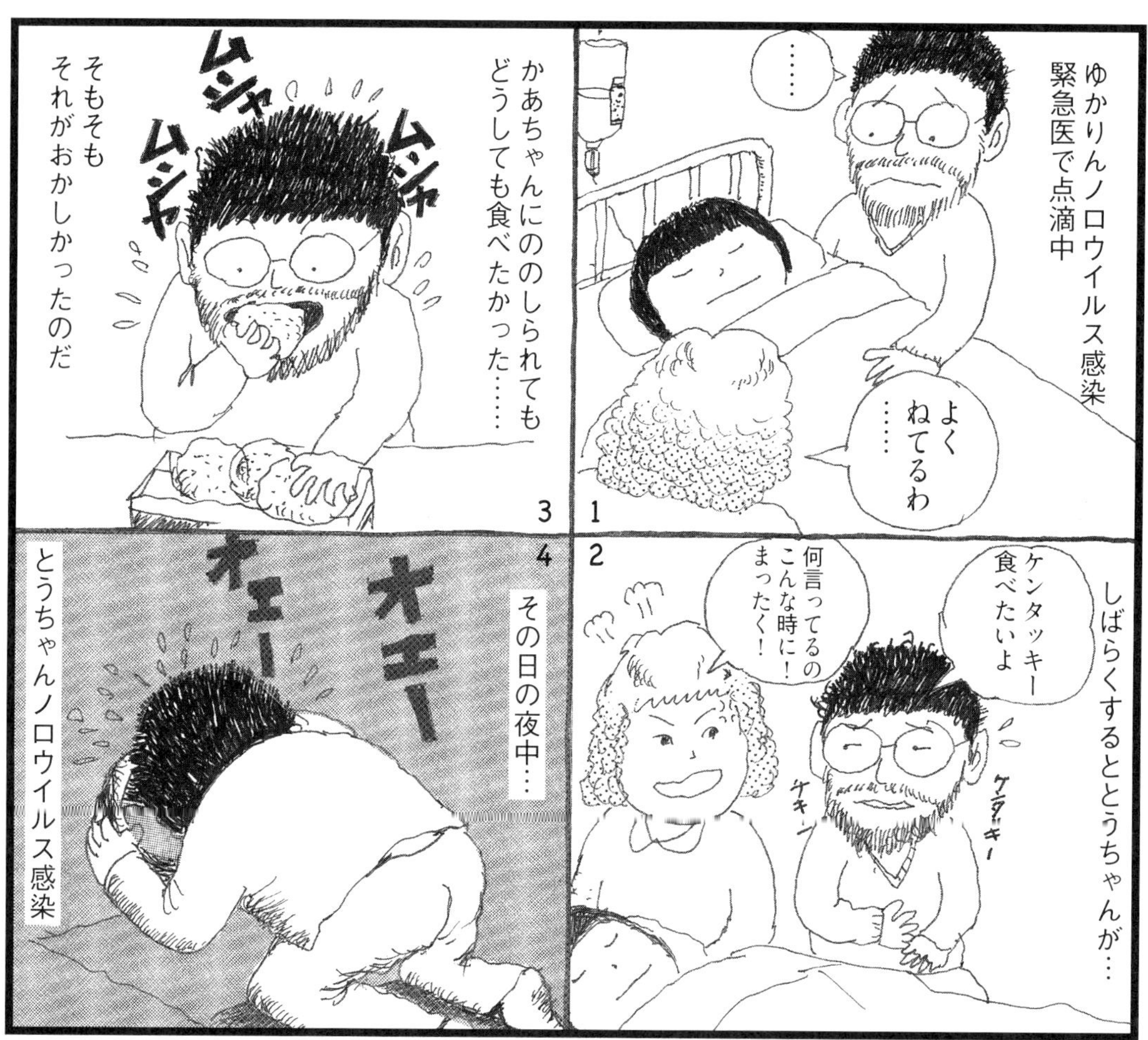
1
ゆかりんノロウイルス感染
緊急医で点滴中
……
よく
ねてるわ
……
2
しばらくするととうちゃんが…
ケンタッキー
食べたいよ
何言ってるの
こんな時に！
まったく！
ケンタッキー
ケキー
3
ムシャ
ムシャ
ムシャ
ムシャ
かあちゃんにののしられても
どうしても食べたかった……
そもそも
それがおかしかったのだ
4
オエー
オエー
その日の夜中…
とうちゃんノロウイルス感染

私が三十歳の時、普段通りの生活を終えて帰宅し、トイレに行くと、真っ赤な尿が出てきました。「なんじゃこりゃ」まさに太陽にほえろのジーパン刑事の最後の言葉。

検査の結果、多発性嚢胞腎であることが分かりました。これは遺伝性の病気で、どうも母方の祖父がその病気を持っていたようです。

そして、三十七歳で人工透析をすることとなりました。ゆかりん九歳、長女十一歳、三女七歳の時です。

このままの生活ができるのか、教師の仕事はできるのか、障がい者施設つくりの活動はできるのか、一度は教員を辞めようと考えた時もありました。

しかし、透析導入後間もなく主治医に「原さん、透析は病気じゃないよ。再びもらった命だから、もっと攻撃的に生きなさい」と言われました。

透析をしなければ失っていた命です。透析をやることで普通の生活ができているのです。

それから私は、教員生活のかたわら、障がい者の権利保障の運動や障がい者の施設つくりに取り組んできました。遅々として進まない活動でしたが、前向きにいつかはきっと実現するという希望を強く持ってやってきました。

しかしそののちに、長女や三女にも嚢胞があることがわかり、孫にもその傾向がみられ、定期的な検査をするようになりました。ゆかりんも三十五歳にして身体に異変が起こりました。

ゆかりんは肝臓にできた嚢胞の感染症で高熱を出して入院となりました。むくみが出て、絶食で点滴の日が続き、一か月余りの入院生活を余儀なくされました。

なぜ自分がこんな厄介なものを受け継がなければならないのか。しかも子どもや孫たちにまで遺伝しているなんて。ゆかりんは障がいに加え、嚢胞も併せて持ってしまったのです。

しかし、この現状を嘆き続けても始まりません。少なくとも、すでに祖父の代で受け継ぎ、私に、そして孫にまで続く厄介な病ではありますが、現状を受け入れ、すったもんだしながらも常に前向きに生きて行きたいと思っています。

夜中に突然起きて
TVを観ている
これが
なんと
また起きて…
また起きて…
こんな日が何日も続いた
そして
胆のう炎手術
痛かったんだね
痛いから
起きてきたんだ
……

これは遺伝なのか

1
朝食は必ずとる
ゆかりんだが…
2
なぜか鼻水が
何度も出てくる
うん
うん
そのたびに…
3
うん
うん
ティッシュ
ティッシュ
おいおい
まったく。
4
しか～し
とうちゃんも
ゆかりんと同じなのだ

居間のテーブルにはゆかりんの訓練用積み木とテレビのリモコン、ティッシュが定位置にきちんと置かれています。他の物が置かれようものなら、たとえ携帯電話でもテーブルの上から排除します。ちょっと移動していればすぐに定位置に置き直しています。テーブル上の管理者はゆかりんなのです。

こんな几帳面さは誰に似たのでしょうか。

最近、妻が使ったはさみやボールペンをそのままにしておくことが気になり、定位置に戻している自分に気づきました。結構、物事には雑で大雑把な自分なのに、どうしてそこにはこだわるのだろう。そういえば、私の父親も定位置にはこだわっていたことを思い出しました。

幸か不幸かゆかりんの顔は私に似ており、「眼鏡と髭をつければ父ちゃんそっくりだ」と言われていますが、「あれ、あれ、顔も似ているが、定位置のこだわりも俺に似ているのか」と思うこの頃です。

前向きなゆかりん

1
ちょっと起きられるようになったゆかりん
でも絶食中なので…
2
「おなかすいた」サインだ
おなかすいたよ
パンパンパン
3
まだ食べられないのよ…
4
いくら説得してもずっと続く「はらへったー」のサインだった
パンパンパン

三十五歳でのゆかりんの入院は結構深刻でした。高熱に腹水が溜まり、点滴、酸素吸入、絶食……。こんな状態になるのは初めてのことでしたので、とても心配していました。熱もなかなか下がらず長期戦を覚悟していました。

しかし、二日ほどするとゆかりんは自分から起き上がることが多くなりました。まだ熱が下がらないのに、どこからそんな力が出てくるのでしょうか。

そのうちに、彼女は、お腹をパンパンとたたき始めるのです。絶食中なのですが、どうもお腹はすくようで、「何か食べたい」と訴えているのです。

身体は悲鳴をあげているのに「お腹がすいた」とは。落ち込んでいる私たちでしたが、その姿を見ていると、つい微笑んでしまい、私たちが彼女から元気をもらったような感じです。

朝起きて「今日も事業所に行くの」と聞くと「あーい」と大きな声で返事をするゆかりんです。「今日も仕事か……」と思っている私たちのけだるい雰囲気をその大きな声ががらりと変えてくれます。

いつでも、どんな時でも前向きなゆかりん。私たちが励まされているのです。

まだまだ発達途上だ

1
退院後自宅療養
ひまそうなので
「となりのトトロ」の
DVDを観せた…
2
すっかり気に入り
何度も
観るようになった
3
えっ!
うん
うん
うん
うん
クィクィ
そして
近くにいる人を
呼ぶようになった
4
どうした…
うん
うん
うん
うん
うん
うん
どうも
ストーリーを覚えたらしく
だれかに説明したいようだ

三十五歳での病気も治り、しばらく家での療養生活が始まりました。手持無沙汰のようだったので、これまでやっていた訓練用の積み木は本人に負担がかかると考え、DVDを観せることにしました。「となりのトトロ」がお気に入りで、一度観始めると何度も「観たい」と要求してきました。何とかなだめて一日二回にしたのですが、彼女は飽きることなくトトロを観ているのです。今では事業所から帰るとトトロを観ることが日課となっています。

トトロを観始めた時は、ずっと画面にくぎ付けで観入っていたのですが、回数を重ねるうちに、近くにいる人を呼ぶようになりました。初めは何のことか全くわかりませんでしたが、どうも話の内容が分かっているようで、次はこうなるんだということを私たちに話したいようなのです。そこで、私たちがストーリーの先を話すと大きくうなずくのです。

何度も観ているうちにストーリーを覚えたようで、彼女は次の場面を予測しながら楽しそうに観ています。三十六歳、まだまだ発達途上なのです。

ドラマの別れの場面で涙ぐんでいるゆかりんを目にして感動している私たち夫婦です。

ゆかりんを取り巻く状況

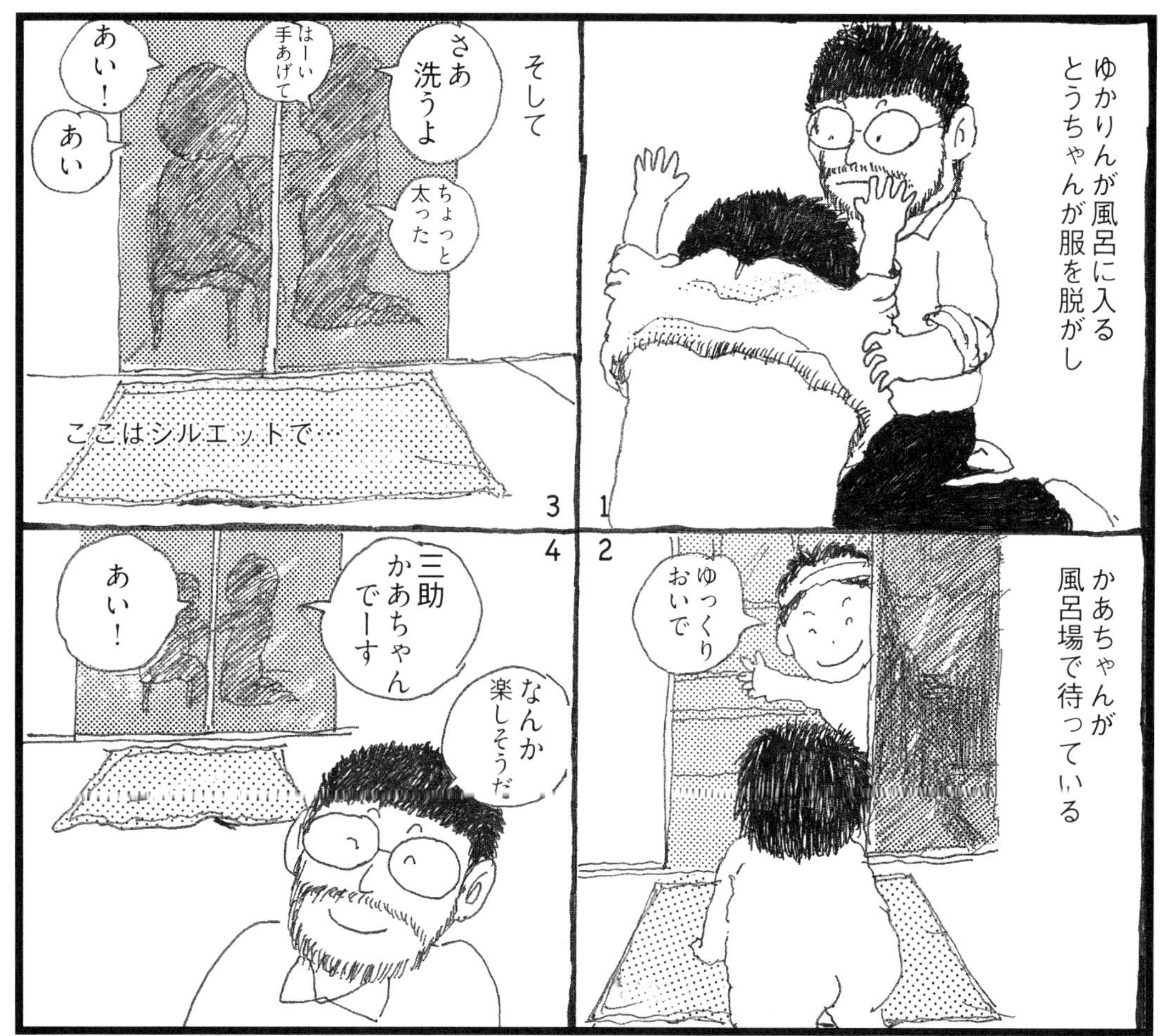

ゆかりんも成人を過ぎると身体も重くなってきました。逆に私たちは歳をとり日々の介助もしんどくなってきています。家での入浴も大変になってくる中で、事業所の入浴サービスはとても助かっています。

日々通う場所があったり、事業所へ通うための送迎があったり、入浴サービスがあったり、ショートステイが利用できたりと、障がい者や親が安心して生活できるサービスが増えてきました。

しかし、それらを運営する事業所自体は、とても厳しい運営を強いられています。安い給与で職員の皆さんは必死に頑張ってくださっています。なぜ、もっと給与が上がらないのでしょうか。安い給与のため、今後を担う若い人々が育っていきませんし、この仕事に就きたくても就くことができない人もいます。

本来なら、介護福祉はもっともっと人員が増えて、利用者の細かなニーズに応えられるような体制がつくられるべきです。

誰もが身体が不自由になったりする可能性があります。そうなった時に、家族への負担がなく社会で支援できる仕組みがあれば本当にありがたいのです。

ドタバタの人生だけど

1
今日はカレーだ
うまい！
うまい！
うまい！
うまい！
2
…と、その時
う〜ん
う〜ん
りきむゆかりん
3
うん？
このにおい…
えっ
4
ナイス！タイミング！
…
…
…
いっぱい出たねー
あい！
あい！

私たち夫婦の結婚式は、式のクライマックスである誓いの言葉の儀式を神主が忘れて帰ってしまい、それを呼び止めて再び式を再開するというドタバタな式となりました。でも今では何を誓ったのかも忘れてしまいましたが……（いけない、いけない）。

ゆかりんが障がいを持って生まれたことで、私たちの生活は一変しました。障がいのある子の親になることは全く想像してもいませんでしたから、まずはどう受け止めたらいいのか、何をしたらいいのか、どんな生活をしたらいいのか、すべてが未知の世界でした。それにゆかりんには姉妹がいましたから彼女らのことだっておろそかにはできませんし、とにかく慌ただしく落ち着かない毎日でした。

しかし、ドタバタな生活とは別に、私たちはゆかりんを通して新しい世界を知ることもできました。寝たきりで医療的ケアの必要な重度の障がいがある方、外見は健常に見えてもコミュニケーションがうまくいかない方、拘りが強く日々の生活に苦労している方など、様々な障がいのある人々やその親との出会いがありました。その出会いや共に活動していく中で、「ただ嘆いているのではなく明るく前に進む」生き方を教えられました。

ですから、今振り返ってみれば、不思議なことに苦労なことより障壁を乗り越えようといろいろな人たちと笑いながら前に進んできたことしか思い出せず、笑って苦労を話している私たちがいます。

いつの間にか「自助・自助」と言われるようになり、すべて自己責任だ、自業自得だという風潮が蔓延し始めていますが、私たちは常にたくさんの方々に支えられて生きてきました。誰にも頼らずに生きていくことは不可能でしょう？　誰もが生きている限り様々な人々の力を借りて生きているはずなのです。

これらも、私たちの老いに伴うゆかりんの今後の生活をどうするのかという大きな課題も残されていますが、この課題はずっと昔から継続している課題なのです。これは個人の問題ではなくもっと強い社会の力が必要なのです。

まだまだ私たちは、山あり谷ありの生活が続くことでしょう。で

も、今まで通りドタバタしながら時には様々な人たちの力を借りながら前に進むことを続けていきます。

Part 2

ゆかりん誕生

一九八六年六月、原家三姉妹の次女としてゆかりんは誕生しました。教員だった私は当時、中学校の特別支援学級を初めて担任し、何もわからない中で試行錯誤をしていました。そんな中、初めて出会ったゆかりんは保育器の中にいました。ぷっくらとして目や鼻がほっぺで埋まっていて、まるでミニ力士！　黄疸が強いということで私たち家族は心配になったことを覚えています。

小さな不安から大きな不安へ

ゆかりんは家に帰ってもずっと眠っていて、手のかからない子という印象でした。「寝る子は育つ」というからそうなのかと思っていましたが、余りにも眠る時間が長く、表情もなかったので、だんだん不安が大きくなっていきました。それでも、「もう少し様子を見よう」「三ヶ月検診まで待ってみよう」「何でもないんだ。大丈夫だ」と自分に言い聞かせていました。

三ヶ月検診では異常なしの診断をもらいました。その言葉にちょっと安心して「やっぱり何もなかったんだ」と、そこで不安に終止符を打とうとしましたが、動きもなくひたすら眠っているゆかりんの姿に、いったん小さくなった不安が再び大きくなっていきました。妻は、とうとう長女の写真を並べて、ゆかりんと比べてみることに。明らかに、ゆかりんには表情がありませんでした。

未熟な早期検診体制

「やっぱりおかしい」と思っても、何をしてよいのか、どこに相談したらいいのか全くわからず悶々と過ごしていましたが、そのうち、妻が隣町にいい小児科があると聞きつけて藁にも縋る気持ちで受診をしました。障がいのことは分かりませんでしたが、乳幼児発達検診があることを教えていただき、初めて運動発達の遅れがあることがわかりました。

自分の住む町にはなかった検診が隣町にはありました。「どうして生まれた場所や住んでいる場所で制度が違うのだろう」。どこに住んでも同じ制度が受けられるような社会でなくてはと、この時初めて痛感しました。

その後、病院をいくつか受診し、東京の国立神経センターで「脳性麻痺による体幹の機能障害」と診断されました。

仲間たちと共に

具体的な障がいがわかってから、私たちは奈落の底へ突き落とされていきました。この先、ゆかりんにはどんな試練が待っているのか。すべてがマイナスからのスタートです。由香里という名前は自由に人生を歩んで欲しいと願ってつけましたが、自由どころか不自由な人生を与えてしまったことが申し訳なく思えて仕方がありませんでした。

こんな私たちを救ってくれたのは、病院の理学療法士さんと養護学校の障がいの重い子どもたちを担任している先生、そして訓練に通ってきている親たちでした。「通学できる体力がありながら、歩くことができないという理由で地元の養護学校に通うことができない子どもたちがいる」現状を知りました。

県の説明は「地元の養護学校は知的障がいの子たちが通う学校だから、肢体に不自由のある子は肢体不自由児養護学校へ行くか、訪問教育のどちらかの選択になる」というものでした。ゆかりんは確かに肢体不自由はあるけれど、知的障がいも併せ持っています。訪問教育は週三日の一日二時間程度の授業しか保障されません。また肢体不自由児養護学校は県に二つしかなく、入学するためには親もとから離れて施設入所しなければなりませんでした。まだ幼い、しかも障がいを抱えた子どもを親から離れて生活させせよ、というのでしょうか。健常の子どもたちはなんの問題もなく家から地元の学校に通えます。歩けないことで就学の選択を迫られるのです。教育の機会均等は障がい児にはないのでしょうか。

そこで、訓練に通ってきている親たちで「歩けなくても子どもたちに毎日学校教育を受けさせる会（ぞうさんの会）」を立ち上げました。親たちは、我が子が歩くことができないことは同じでも障がいも様々で私たちにはわからない悩みを持っていました。そんな悩みをざっくばらんに話したり、子どもを連れての夕飯会をしたりと親睦を深めていきました。

そうそう、ある時、魚料理の美味しい店で会食をしたところ、美味しそうなマグロの刺身が出てきました。ゆかりんにとっては初めてのマグロでした。あまりの美味しさに「もっともっと」と要求し、目の前のマグロを食べ尽くしてしまいました。この時から彼女は大のマグロ好きになりました

時には、私たちの思いを多くの人々に知ってもらうためにバザーを行いました。また県との話し合いも行いました。そんな活動を通して私たち夫婦は前を向いて立ち上がることができました。また、この活動を契機に私は、障がい児教育にのめり込んでいきました。

最初の壁

さて、ゆかりんも幼稚園の入学が迫っていました。この頃ゆかりんは四つん這いで移動ができるようになっていました。しかし言葉はないし、指示も通りにくく、自力排泄もままならずおむつをしていました。

でも私たちは、どんなに障がいがあっても「集団の中で活動することで成長して」と願っていました。そして、役所と粘り強く話し合いをし、加配職員をつけて入園できることになりました。

ゆかりんの成長の節目節目で出会う壁を私たち親がこうして乗り

越えなくてはならないことを痛感しました。

成長した幼稚園での集団生活

幼稚園でのゆかりんは逞しく、四つん這い移動や職員に後ろから支えてもらいながら立ち、歩いていました。何より加配職員がゆかりんのできることを全力で支援してくださり、ゆかりんは物おじすることなく取り組み、意思表示や意欲面でめざましい成長を遂げました。また、周りの子どもたちもゆかりんに温かく接してくれたことも大事な要因です。

親が障がいを受け入れた時

運動会で園が他の子たちとは違う、「ゆかりん特別種目」を設定してくれた時、私たち夫婦は感激するとともに戸惑い、恥ずかしさが込み上げ何も言葉が出てきませんでした。

しかし、ゆかりんが必死に頑張る姿を見ているうちに、自然に大きな声で「ゆかりん、がんばれ」と声援を送っていきました。たくさんの親の前で「この子は私たちの子どもです。この子の親は私たちです」と、初めて認めた瞬間でした。私たち親がようやくゆかりんの障がいを受け入れ、「障がいのあるだけのゆかりんではなく、ひとりの立派な人格を持った人間である」ことを学んだのです。

選択する難しさ

さて成長めざましいゆかりんですが、いよいよ就学を考えねばならない時期になりました。幼稚園の子が「由香里ちゃんも一緒に小学校に行くんでしょ」と尋ねた時は「心配してくれてありがとね」と言うしかありませんでした。言葉もなく文字もわからなく、指示も通らない、自力歩行、自力排泄もできない、ないないづくしの子にとって、果たして小学校教育が適しているのでしょうか。やはりこの子の発達に則した教育を行ってくれる地元の養護学校に通わせたい、との思いが強くなってきました。

しかし当時は、歩けなければ訪問教育であることに変わりはなく、私たちの活動の中でも結論が出ていませんでした。

そんな中での就学相談です。相談員の提示は、やはり、「親もとを離れての肢体不自由児養護学校か地元の養護学校訪問教育か」の選択でした。

このころのゆかりんは四つん這い移動でしたが、立位や歩行訓練も行なっており、歩ける可能性もありました。しかし六歳の子が親もとから離れての生活をさせねばならないことには大きな抵抗がありました。悩みに悩んだ結果、歩ける可能性があるのなら、まずはそこに賭けてみようと、肢体不自由児養護学校を選択しました。

この頃、ぞうさんの会と県との話し合いの中で「毎日学校に通える体力があれば訪問教育の対象ではありませんね」という回答をもらい、歩けなくても地元の養護学校に通える道筋ができてはいたのですが。

選択は正しかったか

さて、ゆかりんの親もとから離れての生活はどうだったかというと、四つん這いができるため他の子たちより動きが激しく、床に顔をぶつけて前歯を折ったり、腕を骨折したり！　大変な試練を与えてしまったのです。悩んだ末に一年で地元の養護学校への転校を決断しました。

何より決定的だったのは、言葉のないゆかりんの表情でした。毎週土曜日に迎えに行き、翌日の夕飯までには施設に帰らなければなりません。毎週見せる別れ際のゆかりんの寂しそうな顔に私たちが耐えられなかったのです。やっぱり、家族と共に生活することが大事でした。

障がいのある子の就学は様々な情報はもらえますが、最終的には親が決めるのです。これは今でも親たちにとって大変なことなのです。

転勤

地元の養護学校が開校して、私はそこの教員となっていましたが、ゆかりんが転校するに当たり、別の養護学校に転勤しました。我が子と同じ学校にいることで他の職員も気を使うだろうし、私たち親子にも甘えが出そうだったからです。

新たな発見

家族と共に生活することで私たちはゆかりんの能力を発見していきました。まず驚いたのが、言語のないゆかりんがたくさんの「内言語」を獲得していたことです。ゴミ箱に捨てる、ご飯を食べるなど身近な言葉を理解していました。また、車椅子を操作したり、手先の訓練用の積木をできるまでやるなど、何にでも取り組もうとする意欲に、「こういう子だったのか」と改めて思い知らされました。

高等部希望者全入運動と医療的ケアの必要な子の教育保障運動

ゆかりんの転校の数年前から私は「高等部希望者全入を進める会」の活動に取り組んでいました。身辺自立ができない障がいの重い子が希望しても願書ももらえず、高等部進学の道は絶たれていたのです。これまでの経験で障がい児教育にはたくさんの乗り越えなければならない課題があり、その課題を解決するためには、そこに関わる全ての人々が行動しなければ何も解決しないことを知っていたからこそ、私は運動にのめり込んでいきました。

転勤先で私は訪問教育担当の教員として働いていましたが、訪問教育を受ける子たちは障がいが重く医療的ケアの必要な子がたくさんいました。しかし医療的ケアは親か看護師しかできず、登校するためには親が付き添わねばなりませんでした。

この運動を通して、様々な課題を解決していきました。希望者高等部全入運動は粘り強い取り組みや全国的な運動の流れによって、障がいの重い子の入学が認められていきました。そして最後に残されたのが訪問教育に在籍している障がいの重い子たちでした。当事者の親たちの頑張りでこの壁も突破し、さらに学校に看護師を配置して、医療的ケアの必要な子たちの通学も認められるようになりました。

特別支援学校の過密過大

今、養護学校で課題となっていることは過密過大です。少子化と言われながら障がいのある子が増えているのです。小中学校では児童生徒数が増えれば教室を増設したり新たな学校を作ったりできますが、養護学校ではそれができません。

そのためプレハブ教室を急遽作ったり、職員の駐車場や校庭を潰したり。養護学校には小学部中学部高等部の児童生徒が在籍しているため、体育の時間などは玄関ホールで行う部もある有り様です。小中学校には設置基準があり、何人増えれば教室を増設しなければならないという決まりがあるのですが、養護学校にはその設置基準がなく、児童生徒、職員も不便を強いられているのです。

コロナ禍の中で、ようやく国にも動きが出てきましたが実現には時間がかかりそうです。

学校卒業後の進路

そして何より深刻なのは養護学校卒業後の生活です。ゆかりんが六歳の頃、私は職場で進路指導担当となり、生徒たちの進路先を探し回っていました。当時はバブルの絶頂期で比較的障がいの軽い生徒の就職先は見つかりましたが、障がいの重い生徒たちを受け入れてくれる施設はなかなかありませんでした。

私の住む町も同様で障がい者を受け入れてくれるのは授産所（現・社会就労センター）しかなく、そこでは企業の下請り作業が中心で、その作業ができなかったり、介助が必要だったりする子の受け入れは難しいものがありました。当時、障がい者の共同作業所を作る動きは各地であり、私はわが町の「手をつなぐ親の会」の親たちと共に、障がいの重い人たちも受け入れられる場を作ろうと行政と話し合っていきました。

人工透析

ゆかりんが転校し、転勤した年の三十七歳で私は人工透析を受ける体になってしまいました。

落胆し、これからの生活にも不安を持ち、何もかもが真っ白な状態で入院した翌日、日本で大変なことが起こりました。阪神淡路大震災です。たくさんの方々が亡くなり、テレビでは、悲惨な街の様子が報道されていました。テレビに映る光景を見ながら呆然としている私に看護師さんが「今大変なことが起きているけど、あなたは助かったじゃない」と励ましてくれました。

ですが透析を始めて一か月が経っても私はまだ職場復帰ができずにいて、教員も辞めようかと考えるなど、悶々としていました。そんな時、主治医が思いもよらないことを言ったのです。「あなたが透析を受けられるのは社会保障があるからなんだよ。それに透析は病気じゃないんだ。これからはもらった命を誰かのために尽くしなさい。そして積極的に生きなさい」
この言葉で私は教員も障がい児者の運動も、今まで通りに続けることができるようになりました。

わたぼうし共同作業所

一九九八年、とうとう我が町に障がいの重い人たちも通えるわたぼうし共同作業所が開設しました。支援員が見つからず、妻に頼んで開設の大変な時を担ってもらいました。ゆかりんも含めて三人の子を抱えながらの妻の生活は大変でしたが、それを支えてくれたのは父でした。祖父として三人の子どもたちの面倒をよく見てくれ、特にゆかりんを可愛がってくれました。こうした家族の支えがあって、共同作業所は動き始めたのです。

作業所開設準備の頃、利用者を探していました。そこには制度の狭間で中学卒業から在宅になっていた障がい者もいました。彼女は歩けないことや地元に養護学校がなかったため、訪問教育を受けていました。高等部への進学もできない状況でしたから、十五歳からずっと在宅のままでした。食事も細かくした物を経口摂食していましたが、母親からしか食べず、他の人の介助は受け入れませんでした。

そんな様子ですから、作業所に通うことに母親が難色を示すのもわかります。でも、作業所に通えるようになれば母親自身の負担も減るのではないかと話し、母親も不安ながらに承諾してくれました。

作業所に来てからの彼女は徐々に心を開き、職員としての私の妻から食事を取ることができるようになり、さらに別の人からという具合に、みるみる心を解放していきました。母親も彼女の成長を目の当たりにして、この作業所に通わせてよかったと思うようになったといいます。

実はその母親も高齢になりつつあり、娘の介助も大変になっていました。作業所での娘を見て少し安心した母親は短期入所を経験し、その後施設入所を決意しました。

障がい者にとって脆弱な社会

まだまだ制度が未熟な時代にその狭間で諦め、じっと家庭にこもって暮らす障がい者と親、自分を責め「自分でなんとかせねば」と、もがく親は数多くいました。実は、今でもいるのです。これは決して自己責任としてはいけないことです。自助共助公助とあたかも当たり前のようにいう今の政府ですが、一体どこで誰が自助と共助と公助の線引きをするのでしょう。何で公助が最後なのでしょう。国がきちんとやらなければならないことは、誰もが豊かに生活できる環境を作り保障することではないですか。

その後、社会福祉協会へ委託されたわたぼうし共同作業所には、医療的ケアの必要な子たちが通所してくるようになりました。

わたぼうし共同作業所の役割

看護師も常駐してのわたぼうし共同作業所は、障がいの重い人の生活の場となりました。この頃町村合併があり、五つの町村が合併しました。社会福祉協議会も一つになり、それぞれの町村に一つずつあった障がい者の作業所の見直しも行われました。わたぼうし共同作業所に通う医療的ケアの必要な人たちのために、社会福祉協会は新たな生活介護事業所を立ち上げました。今では数多くの障がいの重い人や医療的ケアの必要な人が安心して通える事業所となっています。他市町村にはないため、近隣からの受け入れも行っていきます。これは、わたぼうし共同作業所があったからこそできた取り組みだと思います。

妻に感謝

ゆかりんも学校卒業を迎え、晴れてわたぼうし共同作業所に通うこととなりました。妻も娘が来ることで作業所を去りました。大変な時を何もわからないまま、一生懸命取り組んでくれた妻。家庭のこと、私の透析のこと、作業所のことをこなしてくれた妻には頭が上がりません。

親と共に新たな施設開設へ

障がい者制度が変わり、市の社会福祉協会へ委託された作業所の事業形態が変わり、障がいの軽重によって事業所の役割が決まってきました。しかし、毎日の送迎、障がい児の放課後の問題、迎えが遅くなった時の臨機応変な受け入れなどなど、親の負担軽減のための課題は沢山ありました。親たちが抱く、痒いところまで手の届くような願いに応えるために、私は同じ市に暮らす障がい児者の親たちに声をかけて、新たな施設開設の活動に取り組みました。開設のための資金作りと障がい児者の現状を多くの人々に知ってもらうために映画会やコンサートを行ってきました。

ＮＰＯ法人夢の実開設

二〇〇八年、ＮＰＯ法人「夢の実」を立ち上げました。

養護学校は三時下校のため、母親が働きたくても働けない家庭もありました。当時、児童館はありましたが障がい児の受け入れは難しく、家で見守るしかありませんでした。そこで市で初めて日中一時支援事業を使って障がい児の放課後の受け入れを始めることからスタートしました。土曜日や長期休みの受け入れも行ったところ、利用者がたくさんありました。今では市のあちこちに放課後デイサービス事業所が増えています。

それから二年後、就労継続B型事業と生活介護事業を行い、障がいの比較的重い人も通える事業所として現在も頑張っています。親たちで立ち上げた事業所なので親と事業所のつながりも強く、それぞれ親の願いに出来るだけ応えることができています。今までは市所有の旧校長住宅と旧警察官舎を借りて運営していましたが、利用者も増え、施設も手狭になったり車椅子利用者の移動も難しい状況で利用者や職員に我慢の生活を強いていました。

そこで二〇二〇年、新しい施設建設が具体的に動き出し、二〇二二年四月に開設となりました

永遠の課題　親なき後

今、ゆかりんは三十六歳。開設当初から「夢の実」を利用し、他にも二施設に通い、月に一度短期入所も行っています。六歳で親もとを離れての施設入所と比べて、ゆかりんのこれまでの成長の姿を見てきたので安心して送り出すことができます。ゆかりんも行く気満々で楽しみにしているようです。

私は退職後、「夢の実」の理事の一員としてその運営に関わっています。

様々な運動によって数十年前と比べて一歩ずつ障がい児者や親が暮らしやすい地域が出来上がってきましたが、まだまだ取り組まねばならないことがあります。

ゆかりんも含めて今の課題は、この子たちの将来です。これまでもずっとあった課題です。施設入所は受け入れ場所が少なく、グループホームもまだまだ少ない現状の中、兄弟姉妹に後を託していいのか。オムツを替えるたびに、お風呂介助をするたびに、ベッドに寝かせるたびに、親なき後の障がいのある我が子の生活をどうしていくかという不安がずっと付き纏っています。

親が元気なうちに道筋を作る必要があるのではないかと、強く思っています。

歩みを止めない

親の高齢化、親なき後の我が子の生活をどう築いていけばいいのか、まだまだ解決の方向も見えていません。これまで家族の支えやたくさんの人々の力で厚い壁を破ってきましたが、ここで動きを止めるわけにはいきません。

いつになったら障がい児者や親が安心して暮らせる社会が実現するのでしょうか。いつまで運動は続くのでしょうか。

私たちの願いを受け渡す次の世代、そしてまた次の世代へとバトンが繋がっていくことを願います。

理解することの難しさ

ところで、ゆかりんは三十二歳で胆石の手術をしました。手術後主治医が大きな胆石を見せてくれました。ですから手術にも時間がかかりました。本人はこれまで相当痛かっただろうと思われます。思い起こせば、夜中に何度も起きてしまう日々が続いていたり、微熱があり風邪ではないかと病院で診てもらったりした時もありました。何度も続く状況に病院で検査をしてもらい緊急手術となったのです。

手術室に運ばれる姿を見た時、妻は泣きました。私も悔しく申し訳ない気持ちで一杯になりました。どうして、もっと早くゆかりんの痛みに気づいてやれなかったのだろう。言葉のないゆかりんはその痛みを必死に夜中に起きることで訴えていたのでしょう。わからなかったのです。ずっと毎日一緒に暮らしていてもわからなかったのです。

ゆったりと膨らんでいく発達

ゆかりんは年齢を重ねていっても運動機能面での発達は難しく、

今でも四つん這い移動です。しゃべることができず手振り身振り、表情からゆかりんの気持ちを汲み取っています。また、おむつも当てており生活の全てに介助が必要です。

しかし、年齢を重ねていく中で獲得していったものも沢山あります。他の人の気持ちを推し量ることや心情の機微を理解したり、ジョークもわかり、内言語も増え、何気なく話していたことを聞いていて思わぬ行動をして私たちを驚かせることもしばしばです。発達年齢は三歳程度ですが、三十六年の経験を積み重ねてふっくらとした丸みのある発達を遂げています。

ゆかりんという人間として、しっかり個を確立しています。

いつも気になるのは翌日通う事業所へ持っていくバッグです。週に三箇所の事業所を利用しているので、明日はどの事業所に行くかわかるようにと妻が三つのバッグを作りました。ゆかりんもそれを理解したようで、自分から明日行く事業所のバッグを持ってくるようになりました。しかし最近はいつものように翌日行く事業所のバッグを用意しても、突然自らバッグの中身を出して必死に別のバッグに入れ替えようとしていることがあり、その度に説得するのですが頑として譲りません。そうかと思えば全く気にならない時もあります。もしかして自分の気分でバッグを選べるようになったのではないか、と思うのです。三十六歳の女性が明日着ていく洋服を選ぶように、ゆかりんもバッグを選んでいるのでは？　そうであるならば何と素敵なことだろう、と思います。

また、彼女はイケメンが大好きです。ちびまる子ちゃんやサザエさんが大好きなゆかりんですが、アイドルの「嵐」も大好きです。「嵐」の番組が始まるとテレビを指差して嵐が出ていることを教えてくれますし、真剣にテレビを観ています。「普通の女性と同じだな」と思う瞬間です。

「拘り」なのか「几帳面」なのか、自分の座っているテーブルの上はゆかりんの管理下にあります。テレビのリモコンの位置、訓練用積み木の位置は決まっています。どこかに置かれたリモコンを探し当てていつもの位置に置きます。自分に関係ない物は目の前から消そうと手でテーブル下へ落とします。私たち家族は、これは几帳面だった祖父から学んだことではないか、と思っています。

当時二歳になるゆかりんの姉の長女が遊びに来て、ゆかりんの大切な訓練用積み木をぐちゃぐちゃにして周りにばら撒いた時がありました。ゆかりんは、それでもじっと我慢をしてその様子を見ていました。自分より幼い子のやることですから温かく見守っていたのでしょう。ところが、その子が三歳になり言葉も達者になってくると、決して積み木には触らせなくなりました。最後は二人で取り合うこともしばしばでした。ちょっとしたライバル心が芽生えたのでしょうか。彼女の中には三歳のゆかりんと、三十六歳の年齢を重ねたゆかりんが同居しながら、今のゆかりんという〝個〟を創り出しているのだと思います。

親バカですが、ゆかりんの積極性や粘り強さや協調性、そして四つん這い移動でずっと生活していますので逞しい腕力を持っています。私はバレーボールの試合を観ては、「もし障がいがなかったらゆかりんもバレーをやっていたのかな」と思ったり、陸上を観ると「砲丸投げをやっていたのかな」と思ったりします。

人それぞれのペースで発達

幼い頃から自力排泄ができず週二回の浣腸で排泄し、その後薬で排泄を促してきたものの、薬の量で出たり出なかったりを繰り返していました。三十歳の時にようやくスムーズに排泄できる薬と出会い、三十二歳になって初めて出そうになると自ら教えてくれるようになりました。当時アジア陸上女子マラソンが放送されており野上選手が二位になりました。テレビでは三十二歳の遅咲きランナーとして野上選手を紹介していましたが、ゆかりんもまさしく「自力排泄の三十二歳の遅咲きランナーだ」と思いました。

人はいくつになっても発達しているのでしょう。発達の速度はそれぞれですが、重い障がいを持った人もゆっくりと発達しているのです。

しかし、何かが出来ないだけで発達を捉えるならば、歳をとるごとに衰えて、出来る出来ないことが増えていく私たち人間は、ただただ低下していく存在になります。また障がいの重い人はいつまで経っても発達しない存在になってしまいます。そのような考えが「障がい者は社会にとって無用で役に立たない」という思想を生み出してしまうのでしょう。絶対そうではありません。

誰もが価値ある存在

人間を丸ごと捉えた時に私たちはそれぞれの生きてきた年の積み重ねによって心の豊かさや知恵を身につけているのではないでしょうか。

ゆかりんがオムツ替えの時、ちょっとお尻を上げようとしてくれる心遣いや、麻痺のある手にお菓子を握って私たちにあげようとする気持ち、何より何気ない日々の笑顔に私たちがどれだけ助けられ励まされていることか。「決して無用な存在はいない。誰もが必要な存在なのだ。価値ある人なのだ」と思い知らされます。

どうにかなるさの精神

ゆかりんとの生活の中で私はたくさんのことを学ばせてもらいました。これからもいろいろなことが待ち受けているでしょう。その度に「まぁいいか。どうにかなるさ」の精神で楽しく前向きに歩んでいくつもりです。

向き合う支援

障がいがある人に支援をする際、私たちはその人のためにと考えて支援をしています。でも大事なことは、「支援する自分自身がその人の前で丸裸になれるか」ということです。なかなか出来ることではありませんが、だからこそ私たちは自問自答しながらその人と向き合おうとすることが必要なんだと思います。

ゆかりんは四つ葉のクローバー

脳性麻痺の我が子が教えてくれる、幸せの意味

著　　　原　孝雄（はら・たかお）

発行日　2023年1月26日　第1刷発行
発行日　2023年3月24日　第2刷発行

発行者　田辺修三
発行所　東洋出版株式会社
〒112-0014　東京都文京区関口1-23-6
電話　03-5261-1004（代）　振替　00110-2-175030
http://www.toyo-shuppan.com/

印刷・製本　日本ハイコム株式会社

　ISBN 978-4-8096-8670-2
定価はカバーに表示してあります